SFV

CARL ZUCKMAYER

EINMAL, WENN ALLES VORÜBER IST

BRIEFE
AN KURT GRELL
GEDICHTE
DRAMEN
PROSA
AUS DEN JAHREN
1914-1920

S. FISCHER

Umschlaggestaltung: Manfred Walch, Neu-Isenburg
Satz und Druck: Poeschel & Schulz-Schomburgk, Eschwege
Einband: Ludwig Fleischmann, Fulda
Printed in Germany 1981
ISBN 3 10 096532 9

Inhalt

Ich habe kein Kriegsbuch geschrieben und keine Kriegsgeschichten erzählt. Mir schien es unmöglich, das mitzuteilen – vergeblich, das als Wirklichkeit Erlebte, sei es in einem verklärten, heroischen, kritischen Licht, wiederzugeben oder auch nur sachlich davon zu berichten. Ich habe auch selten, fast nie, vom Krieg gesprochen, besonders nicht mit Leuten, die nicht dabei waren. Und mit den anderen genügte ein Stichwort – »Somme 1916«, »Flandern Juli 17« – zur Verständigung, dann schwieg man lieber.

*

Was im Jahre 1914 wirklich geschah, und wie das vor sich ging, läßt sich nur aus dem Erlebnis eines einzelnen rekonstruieren, und das meine mag besonders exemplarisch sein, weil wir – meine Eltern, mein Bruder und ich – die letzten Friedenswochen nicht in Deutschland verbrachten, sondern in dem von den Ereignissen unbetroffenen, höchstens indirekt berührten Holland. So sind wir in die Kriegserregung nicht, wie das im Inland der Fall war, allmählich hineingewachsen, sondern wir haben sie, buchstäblich über Nacht, als eine plötzliche Eruption erfahren, der eines seit langer Zeit kalten Vulkans vergleichbar, den man für tot und erloschen gehalten hatte.
Als am 28. Juni 1914 das österreichische Thronfolgerpaar in Sarajewo ermordet wurde, hatte ich andere Sorgen. Das Ereignis berührte und betraf mich nicht mehr als irgendeine irgendwo in der Welt verübte Mordtat oder eines der Bombenattentate, wie sie von Rußland bekannt waren.
So gab man sich, während der ersten zwei Wochen, unbekümmert der guten Ferienlaune hin, in dem schönen Badeort Domburg auf

der Insel Walcheren, wo der buschige Wald bis fast zu den Nordseedünen wächst.
Indessen wuchs die Kriegsgefahr in der Welt, die wir vom friedlichen Holland her nur durch einen leichten, flimmernden Sommernebel gesehen hatten, und plötzlich riß dieser Dunst auseinander und enthüllte ein drohendes, blutig-finsteres Geleucht.
Ich erinnere mich mit voller Deutlichkeit an einen Abendspaziergang mit meinem Bruder auf den distel- und stichgrasbewachsenen Dünen. Wir schauten lange in einen rostigen Sonnenuntergang, dem rasches Schattengrau folgte, und sahen ein Schiff, wohl einen Fischkutter, mit rotbraunen Segeln und einem teergeschwärzten Mast lautlos und in gespenstischer Langsamkeit meerwärts gleiten. In diesem Augenblick wußten wir beide – es war in den späten Julitagen und noch nichts wirklich entschieden –, daß der Krieg kommen werde, daß der Friede verloren sei und unsere Jugend zu Ende. Wir faßten uns an den Händen und fanden im Bewußtsein dieser Unentrinnbarkeit die Sprache nicht, jeder wohl in aufsteigender Furcht um das Leben des anderen. Nichts spürten wir von irgendwelcher Ergriffenheit oder vaterländischen Empfindung, nichts als Grauen und Abscheu vor dem Unbegreiflichen, dem sinnlos Motorischen dieses Abgleitens der vernünftigen Welt ins Wahnwitzige.
In dieser Nacht schrieb ich einen Zyklus von Gedichten.
Ich setze das erste und das letzte dieser Gedichte hierher, weil sie mehr als jede Schilderung Aufschluß geben über den Seelenzustand eines jungen Menschen, der *noch nicht* von der nationalen Erregung überwältigt war.

Erst –

Erst hingen sie
Wie dunkler Tang den das Meer ausspie
Stumpf durch die Straßen und Plätze hin
Und jedes Einzlen angstgequälter Sinn
War voll von Flehen: Herr, wend es ab!
Herr, laß es nicht geschehen,
Stoß mich nicht ins Grab!

Und spürt zugleich: ein ungeheures Wehen
Von Wetterstürmen, in die Zeit hinein,
Und hört: Musik! Ein fernher schwellend Schrein –
Und plötzlich schrie
Ein Weib – ein Mann –
Und bald warn's tausend
Die fast bewußtlos schrien
Und sangen, Stimmen brausend
Zum harten Firmament, wie ein Choral
Aus eines Scheiterhaufens Todesqual
Der keiner kann entfliehn – –
Das war, so hieß es dann,
Begeisterung. Wir wollen Krieg, und Sieg!
Die Waffen sind geladen!
Und glühend stieg
Von ihren Mündern jetzt ein Schwaden
Zum tauben Himmel an.

Einmal

Einmal, wenn alles vorüber ist,
Werden Mütter weinen und Bräute klagen,
Und man wird unterm Bild des Herrn Jesus Christ
Wieder die frommen Kreuze schlagen.
Und man wird sagen: es ist doch vorbei!
Laßt die Toten ihre Toten beklagen!
Uns aber, uns brach es das Herz entzwei
Und wir müssen unser Lebtag die Scherben tragen.

Am 28. Juli erklärte Österreich den Krieg an Serbien und begann gegen Belgrad vorzurücken. Man las in den Blättern von einer Teilmobilmachung Rußlands gegen Österreich. Am 31. reisten wir ab. Die Frau des Hotelbesitzers fragte mich besorgt, ob ich mit meinen siebzehn womöglich auch schon in den schrecklichen Orlog müsse. »Nie!« sagte ich, »nie gehe ich in einen Krieg, um auf andere Menschen zu schießen. Da laß ich mich lieber einsperren.«

Was ich empfand, kann ich genau registrieren. Mit jedem Kilometer, den wir durch deutsches Land fuhren, ging etwas in mich ein – nicht wie eine Infektion, eher wie eine Strahlung, wie ein nie verspürter, prickelnder Strom, als ob man, die Hände an die Kolben einer Maschine gelegt, elektrisiert würde.
Es war Samstag, der erste August. In unserer Gegend, der Mainzer Neustadt, war alles totenstill, kein Mensch und kein Fahrzeug auf der Straße, die Häuser wie ausgestorben. Aber von der Stadtmitte her hörte man, undeutlich und verworren, ein leises Brausen von vielen Stimmen, Gesang, Militärmusik. Ich lief in die Stadt. Je näher ich dem Schillerplatz kam, auf dem sich das Gouvernement der Garnison befand, desto dichter wurde das Gedränge: so ging es sonst nur zu, wenn an Fastnacht der Rosenmontagszug erwartet wurde. Aber die Stimmung war anders. Obwohl man Rufen, auch Schreien und Lachen hörte, war in dem ganzen Getriebe eine zielhafte Geschlossenheit, nichts von müßiger Neugier, so als hätte jeder dort, wo alle hinströmten, etwas Dringendes, Unaufschiebbares zu tun. Mitten durch all die Menschen marschierten kleine Kommandos der Gouvernements-Wache, die an den Straßenecken noch druckfeuchte Plakate anschlugen, darauf stand in großen, weithin lesbaren Buchstaben:

Seine Majestät der Kaiser und König hat die Mobilmachung von Heer und Flotte angeordnet. Erster Mobilmachungstag ist der zweite August.

gez. Wilhelm, I. R.

Sonst nichts. Wer damals dabei war, hat diesen Text nie vergessen. Da und dort traf ich Schulkameraden oder Freunde aus der Nachbarschaft, und auch das gehörte zu dem Unfaßlichen: wir sprachen kaum miteinander, wir berieten uns nicht, wir schauten uns nur an, nickten uns zu, lächelten: es war gar nichts zu besprechen. Es war selbstverständlich, es gab keine Frage, keinen Zweifel mehr: wir würden mitgehen, alle. Und es war – das kann ich bezeugen – keine innere Nötigung dabei, es war nicht so, daß man sich etwa vor den anderen geniert hätte, zurückzubleiben. Man kann vielleicht sagen, daß es eine Art von Hypnose war, eine Massenentscheidung, aber es gab keinen Druck dabei, keinen Gewissenszwang. Auch in mir, der ich am vorletzten Abend noch zu einer Holländerin gesagt hatte:

»Nie werde ich in einen Krieg gehen!«, war nicht mehr der leiseste Rest einer solchen Empfindung.
Am liebsten wären wir gleich alle zusammen in eine Kaserne gelaufen und gar nicht mehr heimgegangen. Wir hatten die Arme ineinandergehakt und bildeten eine Kette, um uns im Gedränge nicht zu verlieren – ich weiß noch heute den Namen jedes einzelnen, der da mit mir ging, ich sehe ihre siebzehnjährigen Gesichter, wie sie damals waren, jung und frisch, ich könnte sie nie anders sehen, denn sie sind nicht gealtert. Sie sind alle tot, kriegsgefallen ...
Der Auszug der aktiven Armee, die sofort vor den Feind kam, hatte nichts von Kriegstaumel, Massenhysterie, Barbarei oder was man sich sonst von den – bald in der Welt als »Hunnen« oder »Boches« gebrandmarkten – deutschen Soldaten vorstellte. Es war eine disziplinierte, besonnene, ernst entschlossene Truppe, von der sich viele wohl der Tragik des Geschehens bewußt waren.
Auch meine Eltern waren von der Gewalt des Augenblicks mitgerissen, vom Anblick der ausziehenden Truppen erschüttert und aufgewühlt, so daß es für mich keiner großen Überredung bedurfte, um ihre Erlaubnis zur freiwilligen Meldung zu erhalten.
Wir schrien »Freiheit«, als wir uns in die Zwangsjacke der preußischen Uniform stürzten. Es klingt absurd. Aber man war, mit einem Schlag, ein ›Mann‹ geworden, dem Unbekannten, der Gefahr, dem nackten Leben gegenübergestellt – die Drohung des frühen Todes erschien uns dagegen gering. Ja, es war eine Art von Todeslust, von mystischer Begehr nach dem Blutopfer, was damals die Welt übermannte, und ich glaube nicht, daß hier das berühmte Wort Clemenceaus von der »Verliebtheit des Deutschen in den Tod« am Platze ist. Ich hörte später von der gleichen Gestimmtheit in Frankreich, in England, dann sogar in Amerika. Was in Rußland vorging, blieb uns dunkel und unbekannt.
Ich erinnere mich genau an jenen trüben, naßkalten Nachmittag, als wir, etwa zehn Mann von unserem eben eingetroffenen Ersatztransport, auf dem Weg zu dem uns zugewiesenen Truppenteil, unter Führung eines ›alten Mannes‹ – das heißt eines gedienten Soldaten, der seit Kriegsbeginn dabei war – in die zu Trümmern geschossene nordfranzösische Stadt Roye einmarschierten, die immer noch unter Granat- und Schrapnellfeuer lag.
Plötzlich pfiff es in der Luft, als sause etwas gerade auf uns zu,

auf jeden einzelnen von uns, und fast gleichzeitig fuhr uns der scharfe, berstende Krach durch alle Nerven. Wir wollten auseinanderrennen, aber unser Vordermann hatte noch nicht einmal zusammengezuckt. »Hundert Meter weg«, sagte er nur und ging weiter. Man hatte ein vertracktes Gefühl im Bauch. Ein Ziehen in den Därmen – wie von einer Erkältung. Wir hätten es um die Welt nicht Angst genannt. Und wir wären mit weißer Nasenspitze und zusammengeklemmten Zähnen immer weiter gegangen, hätte sich nicht unser Anführer unversehens mit dem Gesicht voraus in den Dreck geschmissen. »Jetzt geht's los«, sagte er, an den Boden gepreßt, während es schon rings um uns her heulte, pfiff und krachte, daß wir kein einzelnes Geräusch mehr unterscheiden konnten, »das sind die Ratscher.«

Die eigentliche harte Schule des Kriegs hatte begonnen, die eine Hölle war – nicht wegen der Gefahr oder der Schrecknisse. Es war alles völlig anders, als wir's uns vorgestellt hatten, vor allem: die ›Kameradschaft‹. Hier galt es zu lernen, ein ›gemeiner Mann‹ zu sein, dem keiner etwas erließ oder erleichterte, und der seine graue, anonyme, schmutzige Arbeit machen mußte statt ›Heldentaten‹ zu begehen. Man mußte das Härteste erfahren, das auch in den kommenden Frontjahren so schwer erträglich war: die ungeheure Langeweile, die Nüchternheit, das Unheroische, Mechanische, Alltägliche des Kriegs, in das sich das Grauen, das Entsetzen, das Sterben nur einfügte wie das Anschlagen einer Kontrolluhr in einem endlosen Fabrikationsprozeß.

Von den ›alten Männern‹, den Kameraden, half einem keiner. Die machten es uns nur noch schwerer. Sie rissen Witze über uns, aber keine gutmütigen, eher beschämende, diffamierende, sie mißtrauten uns, verachteten uns, konnten uns nicht leiden. Mit offenen Armen, hatten wir gedacht, würden die uns da draußen empfangen, uns, die wir uns ohne Zwang darnach gedrängt hatten, ihre Gefahr und ihr hartes Los zu teilen! Die wir freiwillig kamen, um ihnen zu helfen, an ihrer Seite zu sein ...

Aber sie gaben uns bald zu verstehen, daß sie unsere ›Hilfe‹ weder gewollt hatten, noch geneigt waren, unsere Bereitschaft dazu auch nur im geringsten zu achten, anzuerkennen oder zu verstehen. Das Wort ›Kriegsfreiwilliger‹, das in der Heimat immer noch einen edlen Klang hatte, war hier draußen ein Schimpfwort. Man hatte uns

bereits in ›Kriegsmutwillige‹ umgetauft und ließ uns fühlen, daß man unsere Voreiligkeit frivol, dumm, sinnlos fand, vor allem: nicht an ihre idealen Beweggründe glaubte.
Ich war kaum achtzehn, als ich zu dieser Batterie kam. Ich wurde neunzehn, zwanzig, einundzwanzig, durchlief die Rangstufen bis zum Leutnant und war immer noch dabei und lebte noch immer. Jeden Geburtstag, der für mich dicht bei Weihnachten liegt, jedes Weihnachtsfest beging ich in irgendwelchem Grabenloch. Ich wuchs mit den anderen unmerklich zusammen – mit denen, die schon in unserer ersten Feuerstellung dabei waren, mit denen, die verschwanden, unterm Holzkreuz oder in einem Feldlazarett, mit denen, die neu dazukamen und für die ich nun selbst schon ein ›alter Mann‹ war, auch wenn mancher den Jahren nach hätte mein Vater sein können. Ich sehe sie alle, ich habe kaum einen vergessen. Sehr wenige davon sind heute noch am Leben.
Es war im Februar 1915, wir lagen in einer verhältnismäßig ruhigen Front und hatten bei einem unbedeutenden Patrouillengefecht Sperrfeuer geschossen. Das war gegen Abend, und als ich vor Einbruch der Dunkelheit von der Geschützwache abgelöst wurde, ging ich, ohne besonderen Zweck, in einem der nach vorne führenden Laufgräben auf und ab, wohl nur, um eine Zeitlang allein zu sein. Da kamen durch diesen Laufgraben aus der uns vorgelagerten Infanteriestellung zwei Sanitäter mit einer Bahre. Es war ein föhniger, feucht-schwüler Abend, die beiden keuchten unter ihrer Last. Für einen Augenblick stellten sie die Bahre ab, um sich den Schweiß von der Stirn zu wischen. Ich war ohne Neugier hinzugetreten und erkannte in dem fahlen Gesicht, dem das Blut von der Stirn lief, die Züge meines Schulkameraden Ferdinand Pertzborn, eines Jungen aus dem Rheingau, der am Tag des Kriegsausbruchs mit uns in der Reihe gegangen war und mit mir das Notmaturum gemacht hatte. Als ich mich über ihn beugte, schlug er plötzlich die Augen auf und schaute für eine Sekunde direkt in die meinen. Ich glaube, daß er mich erkannte, es ging etwas wie der Versuch eines Lächelns über sein Gesicht. Dann sanken die Augen ein, ohne sich zu schließen. »Jetz' is aus«, sagte der Sanitäter, »los«. Sie nahmen die Bahre auf und gingen weiter. Erst als sie fort waren, fiel mir ein, daß ich ihm hätte die Augen schließen sollen. Aber ich konnte mich nicht bewegen.

Ein paar Tage später bekam ich den Besuch eines anderen Schulkameraden, Karl Gelius, der vorne bei den 117ern lag. Er war schon Leutnant, wegen Tapferkeit mit Vorzug befördert, und es war sein achtzehnter Geburtstag. Ich machte eine Flasche Wein auf, die mir mein Vater geschickt hatte. Wir wollten feiern, aber er war nicht froh und trank fast nichts.

»Ich wollte dich nur noch einmal sehen«, sagte er, »ich weiß, ich komm' nicht mehr nach Hause.«

Ich versuchte ihn abzulenken, heiter zu stimmen, an Lustiges aus der Schulzeit zu erinnern. Er sah mich nur traurig an. »Wir haben nicht gewußt, wie es ist«, sagte er. Er fiel in den nächsten Wochen.

Im Anfang, solange wir noch einem hessischen Regiment und dem 18. Armeekorps angehörten, waren es mehr die Bewohner und Mundarten der engeren und weiteren Heimat, des deutschen Westens und Südwestens, mit denen man es zu tun hatte, von der Eifel und der Porta Westfalica über Hunsrück, Taunus, Rhön, Vogelsberg bis zum Schwarzwald und den Vogesen. Dann, durch den besonderen Charakter unserer Formation, die immer wieder anderen Armeekorps und anderen Divisionen zugeteilt war, kamen die für uns fremdartigsten, entferntesten Provinzstämme dazu, die Männer aus der ›kalten Heimat‹, Ostpreußen, manche mit litauischem Einschlag, aus Lyck und Memel, Westpreußen von der Weichsel, ›Missingsche‹ von der Waterkant. Eine Zeitlang bekamen wir unseren Ersatz aus solchen Gegenden, auch lag ich lange als Beobachter mit den Danziger Grenadieren, Garde-Regiment Nr. 5, zusammen, und ich habe aus dieser Zeit eine besondere Sympathie für die ›Wald- und Wasser-Kaschuben‹ heimgebracht, für ihren mit polnischen Sprachbrokken untermischten Singsang, für ihre primitiven, derben, schlauen und vielfach kindlich-treuherzigen Wesenszüge.

Im allgemeinen war die Haltung der Frontsoldaten, wenn ein Trupp Gefangener durch die Linien nach rückwärts gebracht wurde, von einem freundlichen Mitgefühl bestimmt, dem sich ein leiser Zug von Neid beimischte: für die ist der Krieg vorüber. Andererseits wußte man nie, ob man nicht morgen in der gleichen Lage wäre, und wie es einem dann ergehen würde. Man steckte ihnen, wenn man konnte, ein paar Zigaretten zu und erhielt manchmal als Gegengabe eine schwarze ›Caporal‹ oder eine englische ›Players‹. Längst war der

Haß gegen den ›Feind‹ im Nachbargraben erloschen. Der Feind, für uns alle, war der Krieg, nicht der Soldat in Stahlblau oder Khaki, der dasselbe durchmachen mußte, wie wir. Sehr früh kam es zu Verbrüderungen.

Um die Weihnachtszeit 1914 bereits wurde in den Gräben westlich von Roye, die dicht beieinander lagen, durch die Soldaten selbst die nächtliche Schießerei eingestellt, die auch an ruhigen Fronten üblich war – man warf statt Handgranaten Päckchen mit Wurst oder Schokolade über die Drahtverhaue. Bei einem hessischen Regiment kam eine deutsche Patrouille mit einer französischen ins Gespräch, man schüttelte sich die Hände und lud einander gegenseitig in die Unterstände ein. Die Deutschen brachten Bier oder Schnaps mit hinüber, die Franzosen Wein. Das geschah natürlich ohne Wissen der Offiziere.

Ich korrespondierte mit einem Freund, den ich in meinem ersten Kriegssommer – 1915 – auf merkwürdige Weise kennengelernt hatte. Wir lagen gerade in einem wenig zerstörten, selten beschossenen Ort, in dem es noch eine kleine Dorfkirche gab. Ich ging gegen Abend, da ich nichts zu tun hatte, durch die Straßen, und hörte aus dieser Kirche ein Harmonium spielen. Ich trat ein. An dem Harmonium saß ein deutscher Unteroffizier, etwas älter als ich. Hoch aufgeschossen, dunkelhaarig, mit fast schwarzen Augen und einem weichen, melancholischen Mund. Er hieß Kurt Grell und war aus Hamburg, Sproß einer alten Hanseatenfamilie. Er war während des ganzen Krieges, in dem ich viele Freunde besaß und verlor, der einzige Frontsoldat, mit dem mich eine geistige Beziehung verband. Wir trafen uns in jeder dienstfreien Stunde, solange wir in der selben Gegend lagen. Als wir getrennt wurden, schrieben wir uns lange Briefe.

›Als wär's ein Stück von mir‹: aus dem Kapitel »1914-1918«.

Briefe an Kurt Grell
und Gedichte

29. 10. 15

Mein lieber Grell!

Nun sind Sie schon ziemlich lange weg von hier, ich bin ungern eigentlich geblieben, habe mich aber bald mit den Vorteilen abgefunden, – denn nach Serbien oder überhaupt in interessante Ereignisse hinein wird das 18. AK wohl doch nicht kommen. Denken Sie, seit heute erzählt man hier, unsre die 25. hess. Division käme wieder hierher zurück! Das wäre ja fast lächerlich, aber doch sehr schön! –

Wir haben uns hier jetzt sehr hübsch eingerichtet, ich brauche auch Abends nicht mehr um Schlafplatz zu »kämpfen«, ich habe einen sehr schönen Ofen im Zimmer und – rein gar nichts, überhaupt nichts zu tun! (Außer Schlafen, Essen u. Trinken.) – Aber seit einiger Zeit hat es mich ergriffen, wie ein Fieber.
Noch Abends im Einschlafen kocht das in mir. Und Morgens, sobald es geht, sitze ich da und schreibe. All das, was ich in diesem Jahre zurückgehalten habe, hat mich jetzt überwältigt, – gerade seit Sie fort sind u. ich so ziemlich allein hier bin. Ich lasse alles gehen, wie es will, – habe nur die Befürchtung, daß ich über kurz od. lang alles verbrenne, weil es keine Arbeit ist, aber auch kein Überfluß, sondern nur ein Austoben. –

»Der Faun« liegt fertig vor mir. Eine phantastisch groteske Novellenstudie. – Aber ich glaube, er ist unklar u. muß noch einmal von vorne richtig durchgearbeitet werden. –

»Die dritte Weise«. Ein Versspiel, zu Musik gedacht, liegt auch schon beinah fertig. Das sind nur schon längst begonnene Nebenarbeiten. Vor allem mache ich Studien zu meinem geplanten Drama.

Ich wollte, Sie wären wieder hier u. ich könnte Ihnen das alles mal vorlesen. –

– Entschuldigen Sie bitte diese – ich glaube ziemlich verworrenen Zeilen! Aber ich habe eben wenig Sinn zum Briefschreiben, sende Ihnen nur viele herzliche Grüße u. freue mich sehr darauf, bald wieder mal was von Ihnen zu hören! –

Auf Wiedersehen!
Ihr Carl Zuckmayer

14. 11. 15

Lieber Grell!

Haben Sie meinen Brief neulich erhalten?
Wenn Sie mal Zeit haben, schreiben Sie mir
bitte wieder mal, wie es Ihnen geht! –
Hier ist alles beim alten. In den nächsten
Tagen schreibe ich Ihnen einen Brief.

Mit herzlichem Gruß!

Ihr Carl Zuckmayer.

18. 2. 16

Mein lieber Grell!

Unglückliche Zufälle kommen selten allein. Ich hatte im November Ihr letztes Schreiben erhalten, hatte Ihnen mit einem langen Brief geantwortet, – – und nichts mehr von Ihnen gehört, gewartet u. gewartet. Sie müssen also etwas von mir u. ich etwas von Ihnen nicht erhalten haben. – Nun bekam ich, – auch verspätet, Ihren letzten Brief, ich danke Ihnen bestens dafür u. will jetzt alles nachholen. – Sie werden jetzt wohl weit weggekommen sein, hoffentlich erhalten Sie meine Post, – wir sitzen noch hier im alten Nest. Abends gehe ich noch oft einsam in der »Piazetta« auf u. ab u. wünsche wohl manchmal manche Stunde vom letzten Sommer zurück. Wünsche mir oft, wieder mal einen Menschen zu haben, mit dem ich so reden kann wie es in mir aussieht, – ich kann das nicht bei vielen, aber es ist etwas Wunderbares, wenn man fühlt: der da neben Dir geht, der

denkt u. empfindet jetzt mit Dir, – einen Augenblick wenigstens geht ein fremdes Leben auf Deinem Weg u. Du auf seinem – und in unsre Einsamkeit, durch die wir schreiten, spinnen sich reiche Fäden von Mensch zu Mensch. Das ist das Unvergeßliche für mich aus den Sommertagen 1915. –
Schwerer Regensturm über fahlen Brachfeldern. Der Sturm singt in großen Orgeltönen ums Haus. Und in dem wilden ringenden Toben, das anschwillt und abschwillt, wiederholen sich stets dieselben Akkorde ... Viele Monate sind verflossen, seit Sie gingen. Ich habe in dieser Zeit, – ganz ohne geistigen Anschluß, ganz abgeschlossen u. für mich, zusammenhängend gearbeitet, einige Gedanken von früher u. alles andre aus dem Innersten, – aus dem Erlebnis, – dramatischer Entwurf – beendet in großen Zügen, – nun ist mir die ganze Zeit, wie ein Tag, ein paar Stunden. Auch sonst habe ich riesig viel geschrieben. Ich möchte Ihnen so gerne einiges schicken, aber ich habe keinen Spaß dran, daß meine Gedichte von andren gelesen werden, also erst dann, wenn die Briefe wieder geschlossen abgehen. Aber was liegt mir daran! Es ist ja schließlich gleichgültig, wenn ich was veröffentliche, muß ich es ja auch jedem Fremden zur Verfügung stellen, obwohl es mir stets ein unangenehmer Gedanke ist. – Also eine Kleinigkeit lege ich doch bei. Erinnern Sie sich des Abends, – ich hatte Nachtdienst auf unsrer Beobachtung, in der Scheune, Sie saßen bei mir, – es war der Abend, an dem ich die Nachricht erhielt, daß mein Freund gefallen sei.
An diesem Abend sind diese Verse zum ersten Male in mir erwacht. – Erinnern Sie sich noch des Gespräches, das wir an diesem Abend führten? – Ich weiß nicht, ob die Aussichten der nächsten Zukunft jetzt trüber oder lichter geworden sind, – aber meine Anschauung u. mein Glaube sind ungewandelt geblieben ...
Selbst wenn wir leiden müssen: wir leiden für das Licht! Der Weg zur Sonne führt durch Nacht, und jede Lust ward aus Qual geboren. – – –

– Bitte, schreiben Sie mir bald wieder, wie es Ihnen geht. Vielleicht bleiben wir doch bewahrt u. es gibt noch einmal Friede. Dann auf Wiedersehen in einer besseren Zeit!

Leben Sie wohl!
Es grüßt Sie herzlichst Ihr Carl Zuckmayer

Das erste von den ›*Drei deutschen Liedern*‹.

Der Wind flirrt durch die Bäume.
Nun ist der Abend ringsumher.
Es gehen viele Träume.
Die fühlt ich nie so sehr.
– ich bin ein Kind in buntem Land.
  Dort singt es leis und unbekannt, –
  nah und fern – fern und nah –
  mir ist, als sei ein Engel da.
Und an der Wand lehnt mein Gewehr.
Von all dem weiß mein Herz nicht mehr.
Schleicht noch der Tod umher? –
Mir bringt die Nacht nicht Schreck und Graus:
hab ja eine deutsche Mutter zu Haus
und noch zwei liebe Augen, die stets um mich sind,
euch singt viel liebe Lieder der Abendwind –

Verse vom Tod

Winter 15/16
Carl Zuckmayer

I.

Die dunkle Wolke schattet weich, wie Samt.
Erglänzter Blick und trautes Schlummerlied,
erlöste Sehnsucht, lichtgewordnes Leid,
und Trost und Schwebeklang von Ewigkeit . .
Hell singt das Blut, vom Rausch der Welt entflammt –
– Indes die dunkle Wolke weiterzieht . . .

II.

Der Abend ist in Schmerz erstarrt und groß.
Was bunt und töricht, lebenswarm und laut,
was ist und war und wird, aus Träumen liebvertraut,
ertrinkt in dumpfem Grau, unsagbar hoffnungslos – – –

Der Schmerz ist stumm, und brennt und brennt und brennt.
Wir sind ein Teil vom großen Weh der Zeit.
Hin stöhnt mein Leid,
wie Wind, der über brache Felder rennt ....

III.

An Deiner nackten Stirn der Sturm zerbricht.
Schwer ist Dein Schritt, und hart, von tiefer Spur.
Einst glich mein Herz der wildzerstampften Flur
In Deiner Fackel düstrem Flackerlicht.

Doch Deine Hand streut wundermilde Saat.
Da reift Erkenntnis herb aus tiefstem Menschenleid.
Die spröde Scholle atmet Fruchtbarkeit.
Und stärkste Liebe, flammenreine Tat
blüht auf, blüht auf in sonnenjunge Zeit ....

15. IV. 16

Mein lieber Grell!

Viel habe ich in diesen Tagen an Sie gedacht, und als ich Ihren Kartenbrief erhielt und den Stempel des Roten Kreuzes sah, erschrak ich schon und glaubte, Sie seien verwundet. Hoffentlich haben Sie unter Ihrer Krankheit nicht allzuviel zu leiden, hoffentlich geht es Ihnen wieder besser bei Erhalt dieses Briefes und Sie erholen sich recht bald und werden wieder gesund. – Mir gehts gut. Aber die Zeiten haben sich auch hier gewaltig verändert. Die Ruhe, die wir zeitweise im Sommer hier hatten, ist schon seit vielen Monaten völlig verschwunden. Täglich, nächtlich gehen kleinere Gefechte vor sich. Unser altes H. ist der Gegenstand übelster Beschießung und die alte »Piazetta« der unangenehmste Platz des Ortes geworden, dort gehen täglich viele Granaten nieder, und sowohl das Häuschen, in dem ich mit meinen Telefonisten hauste, als auch unsre Schreibstube und der große Hof, Residenz des Herrn Oberleutnant Werth »seligen Angedenkens« und der Kantine und vieler andrer Größen, haben manchen Treffer erhalten. Leider hatte unsre Batterie drei Tote.

Haben Sie den Christian gekannt? Den Burschen von Leutn. Schmitt? Er war ein lieber, guter Kerl. Er fiel auf der Beobachtung, da, wo wir an einem der letzten Abende zusammen saßen, krepierte die Granate, deren Splitter ihn trafen. –
Ich wohne jetzt zusammen mit Däublin inmitten einer vor kurzem eingebauten 5,7 Kanonen-Stellung, die zu unsrer Batterie gehört, in einer Huke zw. H. u. Ch. Dort haben wir einen schönen Unterstand, es ist ungefähr 10-15 Minuten von unsrer Beobachtung entfernt, zu der ein Laufgraben führt. Aber ich bin tagsüber doch häufig in H. –
Bei den Kämpfen waren Sie ja noch dabei, wie ging es Ihrer Batterie, den Bekannten, den Herrn Pastoren, dem phantasiebegabten, schwungvoll-pathetischen Rossmann, dem holzapfeligen Holzapfel, dem schwarzbärtigen Kurdelbaum? – Hoffentlich noch allen gut? – Wenn es Ihnen Mühe macht, dann schreiben Sie mir aber bitte *nicht*, wenn ich nur weiß, wie es Ihnen geht, bin ich sehr froh. – Mir ist, als dränge eben alles so sehr nach Entscheidung, nach Frieden, – daß es kommen müßte, müßte, – ich meine, man fühlt es manchmal ordentlich in der Luft, wenn der Frühling so warm, saftschwer, dumpfkeimend über der feuchtatmenden Erde hängt, wenn der Abend silbern aufdämmert, der Sturm wild mit verhängten Wolkenzügeln niedrig und zornig über die braunscholligen Äcker fährt, – daß die Luft nicht ganz erfüllt ist von der Stimme der Natur, – daß noch etwas da ist, etwas wie Hochspannung, etwas Dämonisches, Zwingendes, – das die Zeit erfüllt bis zur äußersten Spannung – – Ich glaube fest daran, daß es kommen muß und daß nach all dieser Not die Überlebenden doch noch Aufbauende sein können, kämpfend eintreten in eine neue, aufgehende Zeit neuen Menschentums, neugeformter, ewigkeitsalter Menschheitssehnsucht, aufwärts schreitender Entwicklung.
Die beiliegenden Verse schenke ich Ihnen besonders gern, im Gedenken an manche Stunde, in der ich Sie zu verstehen suchte und fühlte, daß ich in Ihnen einen Menschen gefunden habe, dem ich das, was mir Heiligstes ist und tief und teuer, vertrauen kann.

Mit vielen freundschaftlichen Grüßen und herzlichen Wünschen für Ihre Gesundheit

Ihr Carl Zuckmayer

geschrieben am 4. 9. 1915 für Kurt Grell
C. Zuckmayer

September

I. Dumpf fällt die Frucht
und golden rinnt der Strom
der reifen Säfte, die ihr Los erfüllt.
O herbes Glück der Höhen, ewig ungestillt!
Wir wanden brennende Rosen
in Deiner Schläfen silbernen Schein –
Die bleichen Herbstzeitlosen
sollen wohl bald
im tauenden Glanz Deiner Augen sein –
Verschwende Dein Blut,
das leuchtend aufwallt
wie gärender Wein, und nimmer ruht, –
Verschwende, was Dein,
in stürzenden Fluten – – –
Sieh: alles wird wieder emporgluten
und ewig sein.

II. Ich bin Dein Freund und werde stets es sein
Die Treue halten Dir bis in den Tod.
Ob Du mein Freund? – ich weiß es nicht
Ich liebe Dich und Deine junge Sehnsucht
Ich lieb den Strahl in Deiner Augen Tiefe
Und unter heißen Schmerzen muß ich sehen
Wie Du auf Irrtum's Wegen wandelst
Und gäb so gern zur Rettung Dir die Hand
Doch muß ich schweigend mich bescheiden.
Ob Du mein Freund? Ich weiß es nicht.

III. Es ist der ewige Zwiespalt im menschlichen Leben
Das Drängen und Streben
Des einen zum andern
Und dann das Klaffen und Gähnen
Des tiefen Spaltes
Der immer waltet
Zwischen zwei Seelen.

Passion

(Am Grabe eines Gefallenen)

Westfront gegen Ostern 1916

Leiden

Goldner Tage leichtes Spiel verweht wie Schaum.
Ihr glanzbeschwingten Lüfte keuscher Frühlingslust
zersprangt als buntes Glas, nachklirrend fremd und fern;
zerrißner Traum.
Der Schmerz ist tot. Nur Leere blieb der Brust,
die springen möchte, schreien, ganz zerglühen –
in den erloschnen Bränden tiefdurchlebter Not.
Viel Augen suchtest Du, doch keins, das Mitleid bot.
Einsam sind wir,
wie Seuchenkranke, die die Menschen fliehen – –
Die hocken unerhört am starr verschloßnen Tor,
um das der Trennung düster-stumme Schatten ziehen –
Der Erde lautes Treiben hetzt entfernt vorbei,
zerstampft der Hingesunknen schicksalswehen Schrei –
Ihr bleichen Lippen seid wie kühle Flammen ...
Wo ist das Blut, das einst Euch Leben gab?
Des Leides dunkle Wellen schlagen hoch zusammen.
Und unsrer Sehnsucht wilder Strom verschäumt in graues Grab.

Lieben

Das Wehen nackter Zweige im blauen Märzwind
und der jähe Sturm, der durch biegende Bäume braust,
läßt uns vor Glück vergessen, daß wir am Weg des Leides sind.
Gott lacht im Wind, im Baum, im Tier, im Kind,
das auf der Wiese junge Blumen grausam rupft und knickt.
nur der lernt göttlich lieben, der der Lust entrückt.
Der Lust, die strahlend wie ein nacktes junges Weib
hingeht über die keimenden Wiesen der Ewigkeit ...
Blüht unser Herz empor, wird bald sich neu gesellen

zu diesem sonnenstarken, jugendschnellen
Schreiten, das unser Recht und Wille ist.
Doch manche, die im abendlichen Schatten still verbluten,
die wollen uns mit einer Liebe überfluten,
die schöpfend aus der tiefsten Fülle ist ...

Sterben

Es ist ein Tag, der nie zu Abend geht.
Es ist ein Himmel, leuchtend, ohne Wolkensaum.
Es ist ein tönend Wallen, ohne Zeit und Raum.
Es ist ein ewig tauendes Gebet.

Es ist ein Schrei, der jäh aus Lippen bricht,
die eben noch zum Kusse sich gewellt,
auf deren rotes Jauchzen plötzlich niederfällt
ein fahler Schein aus grausam-mildem Angesicht.

Ist wohl ein Weg, der blind ins Unermeßne führt.
Ist wohl auf grenzenlosem Meer ein treibend Boot.
Ist wohl ein nächtlich Feuer, das zum Feste loht.
Und Gottes Atem, der die Flamme schürt.

Hoffen

Im Dröhnen einer dumpfen Todesschlacht
ist einst aus schwerem Mund ein selig Lied erwacht –
Das breitete wie Balsam sich auf Wunden, Schmerzen,
wie Schleier lind auf wild zerrißne Herzen,
wie Streicheln über roh vertierte Hände
und stumpfen Sinn und heißen Blutes Brände ...
– Kind, Mutter, Heimat, – tröstlich reiner Klang –
– Weib, Liebe, Lust, – – o süßverworrner Sang.
Doch reicher noch und lichter überschwebt
ein Wort, aus Sinn und Traum erwacht, ein Wort, das lebt.
Das ist, wie wenn wir, Schauernde, an frühen
Gräbern stehn, aus denen überreiche Rosen blühen – – –

Auferstehen

Wir sind mit tausend Wurzeln in der Erde
gefestet, und mit tausend Sinnen in der Nacht,
daß unser Blut ein Quell des Lebens werde
und unsre Seele frei von düstrer Übermacht.

Ist unsre Sehnsucht längst ins All verklungen,
der Rausch der Lebenschöre abendlich gedämpft,
sind unsre Lieder längst zu Tod gesungen
und alle Stürme längst zu End gekämpft,

dann muß wohl all das tief verschloßne Walten,
– gottmächtig, ohne Bittgesang und Flehn, –
dann müssen viel erlöste Lichtgestalten,
muß alles Reine zeitlos auferstehn – –

13.6.16

Mein lieber Freund Grell!

Gestern habe ich gerade lange an Sie gedacht, wie es Ihnen wohl gehen mag, wo Sie wohl stecken, – da brachte mir die Post mit Ihrem lieben Briefe eine große, große Freude. Jetzt habe ich ja Ihre Adresse, kann endlich wieder einmal an Sie schreiben und mit Ihnen reden und Ihnen von mir erzählen, wie ich es schon längst einmal tun wollte. Ihr Brief hat mir wirklich so viel gegeben, und ich kann Ihnen gar nicht sagen, wie dankbar ich Ihnen dafür bin! –
Ich lebe hier dahin unter allen möglichen Leuten, mit denen mich schließlich nur die äußerlichen Bande der Kriegskameradschaft, – d. h. des »Aufeinanderangewiesenseins«, verbinden, – wenn ich auch für manchen recht herzliche Freundschaft empfinde, so ist doch keiner da, der mir persönlich, menschlich, näher steht, der einzige Lichtblick in der Kriegszeit u. die schönsten Wochen, – ich habe das wohl schon oft wiederholt, – waren mir die Zeit der Bekanntschaft und Freundschaft mit Ihnen. – Bevor ich Sie kennen lernte, empfand ich das Alleinsein viel schlimmer. Jetzt ist es mir leichter, – ja, ich bin oft froh, daß ich ganz ohne innere Beziehungen zu den mich umgebenden Menschen stehe, weil ich so allein, unabhängig, einsam und unbeeinflußt, – zur Reife bringen konnte, was mir sonst vielleicht nie gelungen wäre. Einsamkeit schärft unser Ohr und Gefühl, macht Dinge und Geheimnisse tönend, die sonst in der von wechselnden Eindrücken überraschten Tiefe unsrer Seele stumm und unerweckt geblieben wären. – Aber manchmal wird die Sehnsucht nach einem Menschen so groß, so überstark, daß alles andre weit zurück tritt. Ich wechsle Briefe mit Menschen, die mir von früher her sehr, sehr nahe stehen – aber mir wenigstens kann der Briefverkehr nicht das kleinste Erlebnis ersetzen, das man mit einem anderen Menschen gemeinsam hat. Wenn man, wie ich, den Willen hat, einen Weg zu beschreiten, auf dem ich wohl oft allein sein muß und auf dem mir nicht viele folgen werden, tut es doppelt wohl, jemanden irgendwo in der Welt zu wissen, mit dem einen die feinen Fäden, die sich von Seele zu Seele spinnen, untrennbar verbinden. – – Ich sah Sie ja nur im Vorübergehen u. hörte Sie ein paar Minuten auf dem Harmonium fantasieren, – und ich ging hinaus in die Sommernacht – glücklich, ohne zu wissen warum, – und in mir sang und klang es: Hier ist ein Mensch!

All das wurde gestern wieder in mir lebendig, und ich danke Ihnen von Herzen. Sagen Sie nicht: ich müßte Verständnis bei Ihnen vermissen, – *das* habe ich nie empfunden, – wenn Sie auch vielleicht manchmal durch meine Gedanken und Gefühle aus dem Kreis Ihrer Gedankenwelt getragen wurden, – wie es mir ja auch bei Ihnen ging, – so habe ich doch gerade bei Ihnen das beglückende Gefühl des Verstandenwerdens in hohem Maße empfunden, obwohl ich noch so ungeklärt bin und allzuoft irregehe. – »Verse vom Tode«, – »Passion«, das sind für mich gerundete Erlebnisse, – menschlich, – nicht künstlerisch. Aber das »Gebet in der Front«, das ich Ihnen jetzt beilege, ist für mich ein Anfang, ein Auftakt, – ein Grundstein der Zukunft. Ich meine damit nicht die engbegrenzte, heutige Front unsrer Tage. Nein, in der Front »stehen« wollen wir Jungen vor allem nach dem Kriege, – in der vordersten Front, in der nur Großes und Echtes eingesetzt wird, in der nicht für kleine Menschendinge, sondern nur für Ewiges, Göttliches, für das Ewige, Göttliche in uns, für die Befreiung unsrer Seele, gekämpft wird. Und, – gerade nach diesem Kriege, – wird es ein harter, schwerer Kampf sein. – – Seit jenem Gespräche in der Scheune ist so Manches eingetreten, was mir zu denken gab, hat sich das Bild in vielem verändert, – aber mein Glaube ist mir geblieben, wenn auch nicht in dem Sinne, wie damals. Die Frage: kämpfen wir hier denn wirklich für solche Ziele? Siegen wir? Oder schwillt diese furchtbare Blutschuld umsonst? – Wurde immer stärker, doch der Zweifel ist gewichen. Denn ich sage mir: selbst wenn unser Gedanke »Deutschland« nicht das ist, was wir hineinträumten, – selbst wenn dieses Auflodern der Heimatsgefühle, »Patriotismus«, – nur eine gewaltige Erregung breiter Masseninstinkte war, – selbst wenn unser Kampf nicht siegreich ist, unser Geschlecht der Tücke u. Übermacht oder inneren Ursachen erliegt, ein Nibelungenschicksal – so muß doch in diesem gewaltigen Ringen ein tieferer Sinn, eine große Bedeutung sein, so geht unser Kampf *doch* für die Zukunft, denn alle Entwicklung geht über den Weg der Vernichtung, – und ich glaube fest an ein unentwegtes Vorwärtsschreiten zum Licht, an den mächtig glimmenden, prometheischen Funken in uns, der unter Qualen gewonnen und entfacht, zur großen, wachsenden Flamme des Lebens wird, die über allem Schicksal leuchtet, – Ewigkeit! – – Und kein Schicksal und Erlebnis wird mir diesen Glauben nehmen. – Ich würde so gerne wei-

terschreiben, ich hätte Ihnen noch so viel zu sagen, aber man ruft mich, ich muß schließen.
Morgen oder Übermorgen folgt ein zweiter Brief.
Leben Sie wohl, lassen Sie es sich recht gut gehen, ich wünsche Ihnen beste Gesundheit, baldige Genesung, schöne Tage zu Hause.

Nehmen Sie viele herzliche Grüße

von Ihrem Zuckmayer

Schreiben Sie bald wieder!
Übrigens hat sich meine Adresse etwas verändert: 35. I. D.

Gebet in der Front

O der Du bist
weit über allen Höhen, Meeren und Ebenen –
Siehe: wir sind die ganz Hingegebenen.
Wir sind, die ihrer Seele letzte Glut zum Reifen bringen,
die in Deines Windes wehem Harfenspiel zerklingen – –

Die da stürzten im blinden Rausch blutwilder Stunden,
die da schwer verglommen, im irren Brand fressender Wunden,
die da müde verloschen, wie ausgebrannte Kerzen,
o ihr höchsten Heiligen der Schmerzen, –
o ihr Seligen, von Gott Geschlagenen,
Hingenommenen, Emporgetragenen – –!
Wir aber, die wir tausendfach mit Euch vergehen,
die wir stets aus Nöten schmerzlich wieder erstehen,
die wir im Meer der Erkenntnis weinend und jubelnd ertrinken,
für des Gedankens Größe freudig ins Nichts versinken, –:
Nicht mehr sind wir die Flehenden, stammelnd Betenden:
Die mit nacktem Schwert vor des Lebens Chaos Tretenden,
die frühlingshaft Brausenden, Rauschenden, nimmermehr Dämpfenden,
die lichtwärts Schreitenden, unentwegt vorwärts Kämpfenden,
Nicht mehr sind wir die Zagenden, Fragenden, Weichenden:

die unerbittlich Recht und Vergeltung Heischenden,
die Todbezwingenden, Friedenerringenden,
die aller großen Gemeinschaft Lobsingenden,
die Hochgesandten, Lösenden, Bindenden,
die Deiner Opfer allüberstrahlende Flammen Entzündenden – – –

O der Du bist
weit über allen Höhen, Meeren und Ebenen –
Siehe: wir sind die ganz Hingegebenen!
schenk uns von Deiner Liebe ein Ahnen, ein Küssen, ein Wissen,
daß wir stark sind im Sturm und nimmer verzagen müssen.

In der Westfront Ostersonntag 1916

26. 7. 16

Mein lieber Freund Grell!

Vielen herzl. Dank für Ihren lieben Brief. Ich kann Ihnen nur kurz antworten: Die Offensive hat uns ziemlich betroffen. Zunächst lag, während der ersten 10 Tage, das Trommelfeuer auch auf unsrer Gegend, Chilly, Hallu. Letzteres ist ganz zerschossen, Kirche, Häuser, alles liegt um, Civilisten sind schon lang verschwunden. Es wurde mit 28 cm-Granaten reingefunkt. Mehrere Gasangriffe.
Punchy, Puzeaux, Omicourt, Curdig, Nesle, – alles schwer befunkt. – Nun stehe ich aber seit dem 18./7. mit einem Zuge (1/3462) im eigentlichen Kampfgebiet. Zunächst beim Sternwald, der genommen ist, u. wo wir vom 18.-22. furchtbare Tage mitmachten, jetzt bei Estrees. – Ich bleibe hier noch 10 Tage, also im ganzen 3 Wochen, dann werde ich abgelöst. – Also entschuldigen Sie mich bitte bis dahin. Sehr freuen würde es mich, von Ihnen wieder einen Brief zu bekommen. – Verzeihen Sie die schlechte Schrift, ich schreibe auf dem Knie. – Ich wünsche Ihnen recht gute Erholung u. sende Ihnen viele herzl. Grüße

in Freundschaft

Ihr Carl Zuckmayer

Mein lieber Grell!

Ich danke Ihnen vielmals für die beiden Storm-Bändchen, mit denen Sie mir eine große Freude gemacht haben.
Ich kann Ihnen jetzt leider nur einen kurzen Gruß senden, mit nochm. Dank

herzlichst Ihr Carl Zuckmayer

Feuerstellung bei Estrees
29.7.16

Stellung bei Estrees
5. 8. 16

Mein lieber Freund!

Ich kann Ihnen gar nicht sagen, welche Freude mir stets Ihre Briefe sind, wieviel Sie mir mit Ihrer Freundschaft geben. Denn Sie sind doch der einzige, von dessen wahrem Empfinden ich weiß, – zwischen den Zeilen bringen mir Ihre Briefe stets ein Stück von Ihrer Seele u. Ihrem Wesen, das ich lieben und achten gelernt habe. – Leider habe ich heute nur wenig Zeit. Sobald als möglich schreibe ich Ihnen lange u. ausführlich.
Hier gehts in den letzten Tagen wieder furchtbar zu. Aber mir gehts noch sehr gut dabei. – Hoffentlich wird Ihnen der Kasernendienst mit seiner Blödigkeit nicht allzu unangenehm. –

Mit vielen herzl. Grüßen stets Ihr Carl Zuckmayer

(I. d. Heidelbergerstr. habe ich 1914 auch gewohnt.)

6.9.16

Mein lieber Grell!

Vielen herzlichen Dank sende ich Ihnen für Ihre lieben Zeilen, die ich Ihnen leider nicht so ausführlich beantworten kann, wie ich gerne möchte. Wie Sie sich wohl denken können, haben wir nun auch hier etwas mitgemischt, besonders unsere Batterie, deren Lage Sie ja kennen, wir stehen, obwohl bös zertrommelt, noch immer an derselben Stelle in H.. – unser altes friedliches Chilly haben die

Franzosen, zwischen H. u. Ch., wo wir so oft gingen, geht ihr Graben, es sind recht tolle Zustände: kein Wunder, nach 8tägigem, ununterbrochenem Trommelfeuer! – Aber es geht mir noch ziemlich gut, wir haben verhältnismäßig viel Glück gehabt, – allzulange kann es nicht mehr dauern. Hoffentlich werden wir bald mal abgelöst. Ich habe nichts mehr: alle meine Wäsche, meine Bücher, Hefte, – alles wurde in einem Unterstand verschüttet. Leider auch Ihre Bücher, die ich bis jetzt immer gut aufgehoben habe und die mir ein liebes Andenken waren. (Verzeihen Sie übrigens die unleserliche Schrift, ich schreibe auf dem Knie.)
Warum sollten wir uns nicht einmal wiedersehen? Der Tod steht ja jeden Tag neben uns, schlagbereit, – aber vielleicht ist doch irgend ein Schicksalsrhythmus in seinen wilden Sensenhieben, der die Klinge an unserem Kopf vorbeisausen läßt, wie schon so oft, ich hoffe immer noch, wieder einmal heim zu kommen. – Und wenn jetzt das Schlimmste vorüber ist und wir werden mal abgelöst, hoffe ich bestimmt, einen längeren Urlaub zu bekommen, – (ich reiche jetzt seit 24. Juni dauernd ein) – bleiben Sie doch ja noch mindestens einen Monat in der Ersatzabteilung. Dann bekomme ich Urlaub nach Mainz, Sie nehmen einen Tag Urlaub dorthin, bleiben einen oder zwei Tage bei uns zu Hause, – es wäre überhaupt zu schön, um es weiter auszudenken. Ende September oder Anfang Oktober hoffe ich sicher auf Urlaub. – Also in voller Hoffnung: Auf Wiedersehen!

Ihr Carl Zuckmayer

9. x. 16

Mein l. Grell!

Das einzig Traurige an meinem sonst restlos schönen Urlaub war, daß wir uns nicht trafen. Nun erhielt ich Ihren Kartenbrief: aus dem Felde. Möge es Ihnen recht, recht gut gehen. Und ich glaube *fest,* daß wir uns – trotz dieser Verfehlung – auch später wiedersehen werden, nicht? Großer Brief folgt. Ich habe Ihnen viel zu erzählen. Wir stehen nun weiter nordöstlich, es ist hier dauernd schwere Schießerei u. sehr unruhig; also nochmals: alles Gute und gesundes Wiedersehen.

In Freundschaft

Ihr Carl Zuckmayer

4. XI. 16

Mein lieber Freund!

Ich wollte Ihnen schon lange den versprochenen Brief schreiben, aber ich fand nicht die richtige Stimmung, außerdem wollte ich warten, bis das Bild fertig war, das ich Ihnen beiliegend sende. Es ist im Urlaub in Mainz gemacht. Und gleichzeitig habe ich eine Bitte an Sie: Sie haben doch sicher auch irgend ein Bild von sich. – Sie würden mir wirklich eine große Freude damit machen. – Vielen Dank für Ihre lieben Briefe. Daß wir uns hier sehen, glaube ich kaum. Unsre Batterie steht, wie immer, dauernd in Feuerstellung, jetzt mehr nördlich, – es ist hier stets Betrieb, man kommt nicht raus. – Ruhequartier ganz ausgeschlossen. Kürzlich war ich 14 Tage mit einem vorgeschobenen »Sturmabwehrzug« im alten H. Dort sieht es schlimm aus: die »Piazetta« ist nur noch eine Reihe von tiefen 28 cm-Trichtern, aufgeworfener Erde, Backsteinen, umgestürzten Bäumen, Dachsparren, zerfetzten Balken u.s.w. Straße überhaupt nicht mehr zu nennen. – Und dort, wo einmal unsre Batterie stand, ist überhaupt nichts mehr. Und damit komme ich noch einmal auf die Tage zu sprechen, die wir dort erleben mußten. Wie Sie wissen, war ich im Juli droben in Vermandovillers u. dann bei Estrées dabei gewesen, wo es ziemlich toll zuging. Damals war es weiter südlich noch einigermaßen ruhig, u. ich freute mich schon, als ich nach 4 Wochen ziemlich »kaputt« zur Batterie zurückkam, auf Entspannung u. Ruhe. Aber kaum war ich dort, da heulten schon die ersten schweren Granaten ins Dorf, auf jeden Punkt schossen sich die Schweine ein, u. schließlich ging ein 10-tägiges ununterbrochenes Trommelfeuer los, in dem unsre Batterie, – als vorderste Sperrfeuerbatterie, so richtig drin lag. Gleich am ersten Tag bekamen wir einige 100 22 cm-Granaten in die Stellung, der eine Zug war sofort außer Gefecht gesetzt, mit Ausnahme der 7 m tiefen Stollen alle Unterstände eingestürzt. Nachts Hagel von Gas- und Brandgeschossen, das Haus kohlte tagelang, bis der letzte Rest feuchten Holzes verschwunden war, wir saßen in diesen 10 Tagen zusammengedrängt in den Stollen, die hielten, gewöhnlich ohne Verpflegung, fast alle Leute krank mit fieberhaftem Durchfall, man konnte selbst zur »Stillung der Notdurft« die Stollen oft nicht verlassen. Dabei: B-stelle besetzen, Meldegänge zur Infanterie u.s.w. Schließlich brach der Angriff auf Chilly los. Unsre Batterie erkannte als einzige die Erstürmung des Dorfes, wir schossen in die auf den Bahndamm zudrängenden Franzosen, die keine deutsche Infanterie mehr gegenüber hatten, bis zum letzten Schuß, wurden völlig zusammengeschossen, schließlich mußte der Rest der Mannschaften mit geladnem Karabiner vor die Batterie. Gott sei Dank kam es aber nicht zum Äußersten: noch vor Nacht kam Infanterieverstärkung. – Wir mußten dann noch 4 Tage vorne aushalten, als Verteidigung von H. Schließlich kamen wir raus. – Leider hatten wir sehr schwere Verluste: über 20 Tote und Schwerverwundete. Ich war zum Schluß so fertig u. am Ende meiner Nervenkraft, daß ich bald zusammengebrochen wäre, als wir den mir liebsten u. nächststehenden unsrer Leute unter den Trümmern eines zusammengeschossenen Unterstandes als zerfetzte Leiche ausgruben. – Eine Nacht, die schwer schwarz u. samten in den zerfetzten Bäumen hing, zu zweien, schweigend, gingen wir die gerade, zerfahrene Straße nach hinten. Wie seltsam die Leuchtkugeln lautlos sangen!

Da überfiel mich die tiefe Stille, das verworrne Schweigen und die weglose Einsamkeit dieser Nacht, plötzlich, aufheulend wie eine schwere Granate, mit allen Schreien, allem Stöhnen, allen Schmerzenslauten irdischen Jammers u. Menschenleides mit Trostlosigkeit und Schicksalsschwere, – alles vom Lärm des Augenblicks Übertäubte u. tief Eingefressene der letzten Tage, all das kam lawinengleich aus der Stille dieser Dunkelheit auf mich herabgestürzt, – die Hilflosigkeit und Verlassenheit in den nicht mehr menschlichen Augen jammernder Schwerverwundeter, in deren Inneres der Tod schon die Nägel krallt, die plötzliche Fremdheit, Ferne und schreckliche Hoheit fahl gewordener, erstarrter Antlitze, die ewig zurückgehaltene und bekämpfte Todesangst, die Zerrüttung so vieler junger, blühender Menschen – und die Kluft, die dunkel gähnt zwischen alledem u. dem fern rauschenden, golden klingenden singenden Leben, die Grausamkeit jedes Glücks, die Fremdheit aller Lebenden untereinander und die Last, die Last von alledem zu wissen u. es nicht hinaustragen zu können, es nicht den Menschen, die, unbewußt, nur darnach suchen, dürsten und tasten, Zusammenhänge zu finden, von denen ein Ahnen in meinem Blute war, – das zu geben in einer gewaltig packenden, großen, vereinenden Form und Gebärde – – Und in einer körperlich-seelischen Erschöpfung fast zusammenbrechend, kam ich im Ruhequartier an. – Als ich am anderen Morgen erwachte, fand ich mich in einem Bett, in einem freundlichen Zimmer, Sonne im Fenster, Licht u. reine, ruhige Luft. Es kamen 2 Tage, an denen ich fast nur schlief, dann spazieren ging, Ruhe in mich eintrank u. körperlich u. seelisch mich erholte. Einmal war ich mit Lt. Schmitt in Nesle. Wir hatten gebadet und waren dann im »Deutschen Kaiser« zum Essen. (Dem Lokal, das Sie wohl von früher her noch kennen.) An Marmortischen, von Ordonnanzen bedient, saßen viele Herren, in schönen, sauberen Uniformen die meisten, bei Bier u. Wein u. Sekt, wir waren bald mit einer größeren Gesellschaft zusammen, die z. T. kurz vorher noch alle vorne dabei waren, – sie lachten, schrieen, ergingen sich in Flachheiten u. blöden, dumpfen Witzen, und das Gespräch kreiste, wie der Zigarrenrauch um die Lampe, immer wieder um den einen Punkt, ohne den keine »Stimmung« am Biertisch aufkommen kann, das Weib. – Wie schnell die Menschen vergessen! Der Ekel, der an mir fraß, mischte sich mit einer Art still lächelnden, ruhigen Spottes, der mich schmerzlos und leicht von meiner Umgebung trennte. – Ich sollte nach einigen Tagen wieder zur Batterie zurückkehren, plötzlich kam durch, daß mein lang schon eingereichter Urlaub genehmigt sei, und 2 Stunden später fuhr ich schon nach Haus.

Diese Urlaubstage waren für mich ein unerhörtes Erlebnis. – Mein Bruder ist z. Zt., – immer noch an den Folgen seines russischen Gelenkrheumatismus leidend – in Freiburg in Garnison. Meine Eltern waren gerade dort, in einem Vorörtchen, zur Erholung. Ich kam ganz überraschend dort an. – Mit einer Droschke fuhr ich vom Bahnhof durch die Stadt. Schräg fiel das Licht aus regellos treibenden Wolken. Gezackte Schatten warfen die Häuser über die breiten Straßen. Autos u. elektrische Bahn schnellten vorbei, viele Menschen gingen in eilendem, wiegendem, ruhendem Gang, Frauen u. Mädchen trugen bunte Blusen über den Asphalt, und aus großen Glasflächen, die tausend Lichtreflexe warfen, blickte buntes Farbenspiel der Auslagen. Ein Ton aber schwang über Rausch u. Dunstnebel, der das Licht leicht umflorte, ein langgezogener, summender, an- u. abschwellender Laut: die Stadt. – Und Menschen traten wohl in Läden, um einzukaufen, trugen Pakete, gingen ihren Geschäften nach oder ihrem Heime zu. Und in den behäbig aneinandergereihten Mietshäusern, in den kleinen weißen Villen mit blan-

ken Fenstern wohnen wohl Bürger, wohnen wohl Menschen, die an ihrem kleinen Dasein rastlos bauen, werden Kinder geboren und wachsen auf, u. legen sich Greise nieder zum Sterben. – Und all dieses um mich her ist Werk von ihrer Hand. So gehen sie umher und betäuben sich an der Ameisenarbeit ihres Lebens, und ahnen nichts von ihrer Kleinheit. – – –
Ich aber fuhr fremd durch ihre Stadt und blieb fremd in dieser ersten Stunde, mein Gefühl wogte meeresgleich zwischen den Bergen eines warmen, aufquellenden, von Liebe überschäumenden Umfassens – und den kalt durchschauerten Tälern eines Fernseins, Getrenntseins und Abseits-Stehens. Oftmals empfand ich in diesen Tagen den Lärm u. das halblaute Getriebe der Stadt plötzlich als drükkende, schwer lastende Stille, ging mit einem gequälten, angespannten, lauernden Warten umher, manchmal zusammenschreckend, als müßte etwas Gräßliches geschehen, als müßte etwas Plötzliches aufschreien, als hinge ein furchtbares, drohendes, unabwendbares Geschick am Himmel, schon dicht über uns, das ich allein empfinde u. von dem die anderen noch nichts ahnen. – Dann aber fuhr ich durch Wald, durch Wiesen, durch anmutiges Tal u. durch das romantische Tor eines altertümlichen Städtchens, »Gunterstal«, – und wieder im Wald, bis zu dem Hotel, in dem meine Eltern wohnten. – –
Vom Wiedersehen will ich nichts erzählen. Meinen Bruder hatte ich seit 2 Jahren nicht mehr gesehen. – – Aber am Abend, bevor ich mich schlafen legte, als ich allein war, kam der gewaltige Schwung aller Empfindungen, des Glücks, der Ruhe und vieler Untertöne, – so sehr über mich, daß ich nicht im Zimmer bleiben konnte. In schleierndem Mondlicht lag die liebliche Landschaft gebreitet. Dunkel standen die Berge am Himmel, ein leiser Wind taute von ihren Umrissen und sang in den Baumkronen. Auch der Bach sang, u. die Stille sang, – und die weißen Hirsche aus starrem Stein, die leblos, mit vergoldeten Geweihen, vor dem Eingang des Parkes lagen. – Ich fand noch keine Ruhe in dieser beruhigenden Nacht. Auch die wundervolle körperliche Erholung der nächsten Tage, blausonniger Schwarzwaldseptember u. die Liebe und Sorge meiner Eltern um mich, – brachten mir noch keine Erholung aus diesem zerreibenden Zustand der Zwiespältigkeit des Empfindens. – Ich hatte noch kein Verhältnis zum Leben, denn der Schauer der Todesschwelle hatte mich noch nicht losgelassen. – Ein ganz großes Erlebnis hatte ich in den Frei-

burger Tagen. Mein Bruder, der dort – als Gefreiter (Paukenschläger) – bei der Garnisonsmusik tätig ist – hatte einige Freunde, 3 sehr talentierte junge Musiker, – u. seinen »Militärkapellmeister«, der im Civilberuf Konzertmeister eines großen Orchesters ist, eingeladen u. sie spielten mir Kammermusik. Zuerst ein Quintett von Schubert, dann das C-moll von Brahms. Und als ich so mit geschlossenen Augen die ersten Akkorde und Klänge auf mich zurauschen ließ, geschah es, daß mir die Tränen heiß in die Augen traten, daß mich ein so brennender sehnsuchtstiefer Schmerz durchbebte, – ein Schmerz, der mich durchschütterte, durchwühlte, durchbohrte, – u. alles Verworrene in mir mit wunderbar weichem Griff klärte u. zur Lösung brachte. Ich konnte an diesem Abend mit niemandem mehr sprechen. Aber in dieser Nacht verstand ich das Leben – ich glaube, ganz, so weit das Menschen möglich ist, – und wurde von den Wellen eines unendlichen, weltumfassenden Glücks, von einer großen heißen Liebe u. einer stillen, erhabenen Freude hoch über mich selbst emporgetragen. – Kunst mußte mir den Weg zum Leben wieder klären. – Und dann: Liebe. – Sie wissen von meiner Liebe, die seit 3 Jahren mein Leben erfüllt. In den Tagen in Mainz erlebte ich die unerhörteste Reinheit einer über alle Kleinheiten starken u. großen Liebe neu u. gewaltiger, als jemals. Alles erfüllte sich uns, wie wir uns geträumt hatten. Es war »das Wunderbare«. Ich möchte ein Kind sein u. dem Gott meiner Kinderkirche kindlich hingegeben danken können für dieses Glück. –

»Die Tage sind wie kleine Glitzerwellen,
aus eines Teiches ruhiger Fläche aufgestört
von sanften Ruderschlägen, – von dem großen Schwellen
das, lichtgedrängt, aus dunkler Tiefe gärt.

Die Winde streichen drüber hin und singen.
Fern formt die Welt ihr schmerzliches Geschick.
Wir wollen unsren Weg zur Höhe zwingen.
Es ist ein Schrei in allen Erdendingen,
von Blut und Sehnsucht, Liebe, Stolz und Glück.«

Diese Verse schrieb ich – als ich schon lange wieder hier war, in einer dunklen, kalten Oktobernacht, ich saß in der B-Stelle vor Chaulnes, das der Feind angriff. – Sie sind vielleicht das stärkste Bild dieser Mainzer Tage, das ich Ihnen geben kann. Es klingt vielleicht selt-

sam, wenn ich sage: das Erlebnis dieser reinen u. seelisch wie körperlich harmonischen, vom Leben des Alltags nicht beschmutzbaren Liebe hat mich ganz u. für alle Zeit aus dem Einsamkeitsabgrund, von der Todesschwelle u. Lebensfremdheit zurückgerissen, – ich stehe, so glaube ich wohl, fest im Leben, – solange ich bin, – ganz gleich, was kommen mag u. wie das Schicksal mit mir verfährt.
Ich habe mit allen Menschen meines früheren Lebens abgeschlossen. Schon lange schreibe ich niemandem mehr. Für mich sind noch ein paar Menschen da, die mir mehr geben, als ein großer Freundeskreis mir jemals sein könnte. Das sind: meine Eltern, mein Bruder, dieses Mädchen, Sie und ein Künstler, jung, jedoch schon 1. Regisseur einer größeren Bühne u. Schöpfer einer Reihe wundervoller, bisher nicht veröffentlichter Dichtungen, – mit dem ich auch erst im Krieg befreundet wurde u. der mir sehr nahe steht. Ich habe ihn auch im Urlaub getroffen. Wenn ich nur Sie einmal wiedersehen könnte! –
Nun habe ich Ihnen viel, viel von mir erzählt, – und doch, wenn ich es überlege, gar nichts gesagt im Vergleich zu meinem Erlebnis, und zu dem, was ich Ihnen sagen und geben möchte, denn von allem, was mich innerlich reich u. stark macht, möchte ich Ihnen so gerne, so gerne mitteilen, soviel nur ein Mensch dem anderen von seinem Inneren geben kann. Ich danke Ihnen dafür. – Denn ich weiß, daß alles, was ich Ihnen geschrieben, bei Ihnen die richtige Aufnahme und das Verstehen und Miterleben findet. – Es ist mir nicht oft gegeben, lange Briefe zu schreiben. Schreiben Sie auch mir von sich, so oft es Sie dazu drängt. Sie wissen, wie sehr ich an allem Anteil nehme, was Sie betrifft. – »Wir wollen unsren Weg zur Höhe zwingen«. Augenblicklich braust noch die Zeit voll dunkler, wirrer Strudel ungeklärt u. tobend um uns her, und wir werden, ohne Ausblick u. Überlegung, in ihrem Wirbel mitgerissen. Aber, – wie sich auch die Zukunft gestaltet, – nicht in eine Zeit der Ruhe, des Genießens, der Nutzung alter Erwerbnisse u. der Reflexion, – sondern in eine Zeit der Arbeit, der Tat, des Neuerwerbs, des Schaffens u. Wirkens, des harten, starken und gewaltigen Lebens sind wir geboren. Ich glaube nicht an Untergang: Es gibt keinen Untergang! Wir sind Länder, Völker, Rassen! – Ein Bruchteil im großen Leben, – und dort gibt es nur Aufwärtsschreiten, Höherentwickeln über Katastrophen, ewiges Schaffen u. Wirken zur Vervollkommnung des Seienden. –

Wir gehen vielleicht einer schweren, sicher aber einer arbeitsreichen, harten und umschaffenden Zeit entgegen, wenn wir den Krieg überleben, – und ich sage: Gott sei Dank!
Denn wir wollen den Mut dazu besitzen. Die Kraft ist da. –
Wir wollen unsren Weg unbeirrt und fest gehen, und alles Trübe, Unklare und Hemmende beseitigen. –

Leben Sie wohl! Auf Wiedersehen!

Ihr treuer Freund
Carl Zuckmayer

20. 11. 16

Mein lieber Freund,

hoffentlich, hoffentlich, geht es Ihnen noch gut u. Sie haben meinen Brief mit Bild bekommen. Es wäre zu schade, wenn gerade dieser Brief, (den ich vor 14 Tagen abschickte), nicht angekommen wäre, es waren 12 Seiten mindestens, eigentlich der erste lange u. inhaltsvolle Brief, zu dem ich mich mal aufgeschwungen hatte. –
Bitte, lassen Sie bald was von sich hören, wenn Sie diese Karte bekommen. Oder sind Sie womöglich weggekommen?
Dann bekommen Sie die Post doch sicher nachgeschickt! –
In der Hoffnung, bald gute Nachricht von Ihnen zu haben!

Ihr Carl Zuckmayer

9. XII. 16

Mein lieber Grell!

Wenn Sie diese Karte erhalten u. wenn Sie irgend können, dann lassen Sie doch bitte etwas von sich hören, ich mache mir ernstlich Sorge! Haben Sie meinen sehr langen Brief u. mehrere Karten nicht erhalten? Wenn ich jetzt nicht bald was von Ihnen höre, erkundige ich mich bei Ihrem Truppenteil. Es geht Ihnen doch noch gut? Schreiben Sie, bitte, gleich!

Stets Ihr Freund Carl Zuckmayer

20. I. 17

Mein lieber Freund!

Endlich, nach langer Zeit, in der ich mir oft bange Sorgen um Sie gemacht hatte, bekam ich, Gott sei Dank, Ihre Nachrichten aus der Ferne. Vielen Dank dafür! Nun sind Sie also von der Westfront fortgekommen u. sehen mal eine andre Gegend, neue Eindrücke, neue Erlebnisse. Wie gerne möchte ich das auch einmal. Aber es ist jammerschade, daß Sie nicht mehr bei der 2/25 sind: die stehen jetzt dicht bei uns, das ganze 18. AK ist hier bei Ch. in Stellung, u. ich habe mir schon schwer überlegt, ob ich nicht zu den 61ern mich zurückversetzen lassen soll, da hier bei uns die Gelegenheit zum Weiterkommen so schlecht ist. –
Ich warte nun täglich auf einen größeren Brief von Ihnen. Ich bin so froh, daß Sie meinen großen Brief doch noch bekommen haben. –

Ich sitze hier auf Beobachtung, löse alle 8 Tage mit einem Off. Stellvertreter ab, 8 Tage vorne, 8 Tage in Nesle, Ruhe. Das ist ganz schön. Hier vorne kann man, wenn es einigermaßen ruhig ist, schön arbeiten: ich habe mir kunstgeschichtl. Bücher kommen lassen, um wenigstens etwas Ahnung von meinem zukünftigen Studium zu bekommen. Das ist doch das gegebene Studium für mich, das Wertvollste und Beste. –
Auch fange ich an, Stenographie zu lernen, und so weiter, – alles aus einem schmerzlich quälenden Drang nach Beschäftigung, Betätigung, Anwendung der hier nutzlos vergeudeten, nutzlos aufgespeicherten Kraft. –
Wir müssen hier Nachts Wache mitmachen, im Betonklotz. Wenn es ruhig ist, hängen wir den Sehschlitz zu, man kann da wundervoll schreiben.
Ich habe eine Unmenge Entwürfe begonnen: aber nichts Ausgeglichenes kommt heraus, – die Ruhe fehlt.
Ich habe eine Folge von Gedichten begonnen u. fast ausgeführt, die sich mit der wunderbaren und rein als geistige Erscheinung und als Gedanke genommenen Gestalt Moses' befassen. Nun aber wieder liegen lassen. Die innere Unruhe ist quälend und verzehrend ...

1917 wird ein furchtbares Jahr werden. Aber es wird Schluß bringen, den Höhepunkt und die Katastrophe des Dramas. Ich hoffe es. Und dann in ein neues, weit offenes Leben: Möge das Schicksal es uns vergönnen! Leben Sie wohl, ich sende Ihnen alle, alle guten Freundschaftswünsche!

Von Herzen Ihr Carl Zuckmayer

7. III. 17

Mein lieber Freund!

Vielen herzl. Dank für Ihre lieben Grüße!
Leider habe ich zu wenig Zeit, um Ihnen so zu antworten, wie ich gerne möchte.
Wir wurden plötzlich umformiert, aus der alten Sturmabwehr-9cm-Batterie wurde ein ganz schweres Ding – Langrohre, Motorbetrieb, Last- und Personenautos usw. Das ganze haben wir direkt in der Front übernommen. Also eine Menge Arbeit, außerdem ochse ich »feinartilleristisch«, denn ich bin zum Off. eingegeben und muß jedenfalls in allernächster Zeit zu einem Schießschulenkurs. –

Es wird Frühling. Es wird Frühling.
Kühlgoldene Sonne bricht oft durch die sanften Schleier des Morgens, johlender, pfeifender Märzwind peitscht dünne Schauerregen durch lange kahle Pappelreihen, weit wellen sich in lichter Bräune zerfurchte Felder, kaum angegrünte Placken schimmern auf Hängen, und ganz kleine, gerade anschwellende, dunkle, zähe, klebrige Knospen werden am Zweig.

Der Abend aber steigt in leichten Dünsten aus der betenden Erde empor, schlägt schwer die Augen hoch, breitet langsam die Arme und umfängt den Himmel, der in plötzlicher Liebe brennt und flammt. Dann tönen spielende Farben um die Ränder der Erde, so süß und wunderbar, daß wir keine Worte für sie haben, ganz innig aus Vermählung von Licht und Nacht.
Die Bäume aber, einzeln auf der Höhe, stehen mächtig emporgehoben aus dem in Weite ertrinkenden Blaß, ganz dunkel, ganz hart,

schlank, voll Erdkraft und Himmelshöhe bis in die feinsten Veräderungen ihrer leise bewegten Zweige. Alles hebt sich zur Höhe, zur Größe, alles wächst empor über die belanglose Niedrigkeit des Lebens, alles ist durchdrungen und aufgebaut von Geist und Geisteskraft.
Wir wachsen in uns zur Höhe, wenn wir es wollen und mit unserem Willen alles Bedenken und alle Wirklichkeit besiegen.
Wir verändern uns niemals, selbst unter den stärksten Wandlungen.
Denn wir sind reich,
Nur daß wir es nicht wissen.

Mein lieber Freund, wie weit liegt das Leben noch vor uns!
Könnten wir nur zusammen durch die unreife Freudigkeit dieser aufgeweichten Märzfelder wandern!
Was liegt an der Enge und Kleinheit des Menschen!
Wir wollen ein höheres Reich erringen. Ich bin voll Glauben und Hoffnung!
Ich möchte Ihnen gerne davon geben.
Wir leben dem Frühling, dem Frieden entgegen!

Auf Wiedersehen!
Es grüßt Sie von Herzen

Ihr Freund Carl Zuckmayer

24. 5. 17

Mein lieber Freund Grell!

Lange habe ich Ihnen nicht mehr geschrieben. Hoffentlich sind Sie mir nicht böse darüber. Nun erhielt ich Ihren Kartenbrief, der lange unterwegs war, und meine Reue ist geweckt. Augenblicklich sitze ich im Graben als Art. Verb. Off. bei der Infanterie, schon seit dem letzten Samstag, bis Pfingstsonntag. Es ist, wie stets, heftige Schießerei, bei unseren Marinekanonen aber haben wirs doch verhältnismäßig sehr gut, stehen weiter vom Schuß u. werden zeitig zurückgezogen, es ist doch eine schönere Sache, als 9cm-Sturmabwehr ohne Munition und so weiter. – Allerdings erwarte ich in den nächsten 14 Tagen meine Beförderung u. werde dann wohl kaum bei dieser schönen Batterie bleiben. – Zwischen den Minenhölzern des Stollens, den feuchten, angemorschten, sprießen langschießende Pflanzen hervor, gebadet von der Wärme und dem trügerischen Lichtschein, aber weiß, schwammig, farblos, ohne das wunderbar göttliche, lebenerhaltende Grün der sonnetrunkenen Erde. Durch unsre Erdlöcher, durch die Gräben, über die Wiesen u. Sümpfe, die kanaldurchzognen, feuchten, üppigen Wäldchen klopft und treibt ein stetiger Pulsschlag unermüdlicher, in allen Lebenssäften fiebernder u. gärender Fruchtbarkeit. Die Abende sinken nieder wie lustermattete, zu schöne Frauen, – ganz erfüllt, reich und voll, aber schwer und schwül betäubend von all den unbeherrschten, flutenden Düften, die viele reif erblühte und, ganz hingegebene und in Nacht und Liebe aufgelöste Blütenbüsche strahlenförmig von sich ausschleudern. Die ganze wunderbare, göttlich-tierische Triebhaftigkeit der heißen Nacht, das geile, zeugende Treiben alles Wachsenden, Lebendigen, Bluterfüllten, eint sich und offenbart sich in einem nie abreißenden, schwellenden, oft bis zu entrückter Höhe schrillenden, oft dumpf scharrenden, schlurfenden, meckernden und stöhnenden Laut, dem zu einer unheimlichen Gemeinsamkeit erwachten Gelärm tausender, tausender großer Frösche, ein Ton, der einen die ganze Nacht hindurch nicht losläßt u. in seiner Intensität und Wildheit jedes Vogellied überschreit. – Fast ein Sinnbild jener unerbittlichen, wunderbaren, vernichtenden und zeugenden Übermacht, in deren strudelnder Strömung wir, mühsam gesteuerte Boote, treiben, einem unbekannten, ungenannten, fern leuchtenden und klingenden, unermeßlich weiten und ewigen Meere zu, jenseits von Welt und Wirklichkeit, und durchsponnen von jener göttlichen Reinheit, von deren Hauch alle Kunstwerke, alle Träume und Taten des Geistes und der Seele atmen. – Ich habe viel Neues erlebt, seit ich Ihnen zum letzten Mal schrieb. Heute habe ich wenig Zeit, ich muß nachher in den Nachbarabschnitt steigen, woselbst es kracht, aber wenn ich wieder in der Batterie bin, bekommen Sie einen größeren Brief, in dem ich Ihnen über innere Erlebnisse, über meine letzten Arbeiten u. s. w. mehr erzählen werde. Könnten wir nur einmal wieder einen Abend oder einen Nachmittag, wie in Hallu, zusammen zubringen. Seitdem habe ich keinen Menschen mehr gefunden. – Aber ich habe, als ich an Ostern einige, leider sehr kurze Tage zuhause war, neu und viel tiefer, vertiefter und wunderbarer das ungetrübte, unglaublich reine

und harmonische Erlebnis einer idealen, in jeder Beziehung ausfüllenden und großen, starken Liebe durchkostet. Dies alles hat sich seit unsrem Zusammensein beglückend entwickelt u. erhöht. Ich könnte Ihnen hiervon nur mündlich erzählen. Sie sind der einzige Mensch, zu dem ich davon sprechen möchte, weil ich weiß, wie warmes Verständnis ich bei Ihnen finden würde u. wie unberührt und doch mitgefühlt meine Gedanken und Erlebnisse von Ihnen aufgenommen würden. Denn fast alle Menschen sonst sind flach, niedrig u. von geheimem Schmutz befleckt, den sie auf alles Fremde, nicht platt Verständliche, mißtrauisch schnüffelnd übertragen. – Heute will ich Ihnen nur kurz die äußeren Geschehnisse u. Zufälle der letzten Monate erzählen. Im Februar kamen wir aus unsrer schrecklichen u. leider mit manchem lieben Menschenleben bezollten 9cm-Somme-Stellung heraus, erhielten unsre schweren Geschütze nach 10tägiger Ausbildung u. lagen vor dem Rückzug einige Zeit in Quartier hinter der Front. In dieser Zeit überwarf ich mich in alter Art wiedermal vollständig mit meinen z. Teil wenig angenehmen Vorgesetzten, (nun haben sie mich schließlich doch wählen und einreichen müssen). Aber ein wenig Kampf muß ich haben, und wenn es noch so nichtig und lächerlich ist. Nur machte ich mir viel Unannehmlichkeiten u. hatte eine recht üble und böse Zeit zu überstehen. Dann kam der Rückzug von der Somme, einer meiner traurigsten u. härtesten Kriegseindrücke. Altbekannte, freundliche Dörfer gesprengt, in Flammen, an allen Straßen Brand und Zerstörung, furchtbare, gräßliche Wüste, schlimmer anmutend, als das durch elementare Gewalten zerstampfte Schlachtfeld vorne.
Evakuierte, das schweigende, namenlose Elend Hunderter, Tausender, die von ihrer Heimat verbannt, auseinandergerissen, von harten Notwendigkeiten niedergestampft werden. Und das Düsterste: Quentin, die schöne, geliebte Stadt, sah ich sterben. Ich liebte diese Stadt der Leichtigkeit und Helligkeit, der von den leichtlebigen Bürgern etwas bei Seite gesetzten, u. doch so gewaltigen Basilika, des aufstrebenden, ernsthaften Rathauses mit der mittelalterlich blechernen Nachdenklichkeit des Glockenspieles, aufziehende Wache, Leben, bunten Frauen, die zarten Pastelle La Tours, die Bilder von Lecoyer, kurz u. gut, Quentin war da vorne ein Symbol der Ruhe, des Lebens, des Wiedererwachens, der Begriff »Ausspannung« und Auffrischung. – An einem fahlen Märztage kam ich mit dem Auto

durch die Stadt, wir mußten dienstlich dorthin, da war der große Marktplatz vor dem Freiheitsdenkmal des Caspar Guiscard, schwarz von Menschen, die ihr kleines Bündel auf dem Rücken trugen, Trainkolonnen standen bereit, Feldgendarmen ritten hin und her, harte Stimmen verlasen fremde Namen, Schicksalsstimmen, geschäftsmäßig, militärisch, einteilend, Tausende von Unglücklichen entströmten der Stadt, dann aber lagen die Straßen schlaff und leer, wie Adern, aus denen alles Blut schmerzlich entwichen ist, die Häuser hockten kahl, öde und sinnlos, stöhnten aus ihren erblindeten Fenstern, und alle Ladenscheiben waren geborsten, Hausrat, Auslagen, alles Mögliche lag in wüstem Durcheinander bis auf die Straßen verstreut. Quentin war tot. Es war gräßlich. Dann kamen die ersten Tage des neuen Frontbetriebs, – dann sah ich Quentin in Trümmer sinken. – Der Rückzug an sich bot viel Neues und Interessantes. – An Ostern fuhr ich in Urlaub: 16 Tage. Nach 6 Tagen ereilte mich ein Telegramm und holte mich sofort zurück. Das ist immer eine unangenehme Sache. – Wir machten Stellungswechsel. Ein Geschütz wurde uns inzwischen wieder zerschossen.
Inzwischen war ich auch 3 Wochen in Maubeuge zum Schießschulenkurs, habe dort angenehme Tage verlebt.
Nun sitze ich, wie gesagt, bis Sonntag im Graben.
Höre ich bald etwas mehr von Ihnen, Näheres? –
Bitte antworten Sie mir bald und nehmen Sie mir mein langes Schweigen nicht übel!

Mit vielen herzlichen Grüßen und auf Wiedersehn!

Ihr Carl Zuckmayer

Der Abend

Der Abend war so traurig grau gekommen,
wie eine unbestimmte, müde Qual – –
Dann aber, als die ersten Sterne glommen –
da rieselte das Glück mit einemmal
gleich eines neuen Sternes fernem Strahl
in unsre Seelen, wie in flehendoffne Hände – –
Dann kam die Nacht, – ihr Antlitz war so geisterfahl –
und ganz vergeßne, bunte Träume waren ihre Spende – –
Nun laßt uns in den blauen Morgen gehen
und Hand in Hand durch Gartenwege schreiten.
So strahlendweiß die Fliederbüsche stehn!
Wir wollen lang uns in die Augen sehen –
Dann kommt uns wie von selbst ein jäh Verstehen, –
und gleiche Weisen klingen in uns beiden – –

Mond

Du weiße Lotos über dunkelroten
Gewässern die aus stummen Ufern treten
Dich aufzuschaukeln und Dich anzubeten –
Du Schwan der Toten

rund ruderst Du auf unsrer Augen Meer
und schüttest Deine unberührten tiefen
Kraftströme die in Luft und Feuer schliefen
über uns Taumelnde her

daß uns aus Händen und Gesicht die Schale
steige und steige
wenn über Steingestürz und Nebeltale
hoch erster Tag der Schöpfung aufschweige –

1917

Carl Zuckmayer als Kriegsfreiwilliger 1914

Rekrutenbild, August 1914

Carl Zuckmayer mit der Mandoline, rechts von ihm Ludwig Berger

»Im Graben als Unteroffizier, 1915«

Carl Zuckmayer am Klavier.
»Zeigt dieses Bild ja niemandem!
Es ist ganz verrückt. Der Gesangverein und ich
als Virtuos am Klavier in unserem Unterstand.
In einer jener blödsinnigen Stimmungen,
wie sie hier draußen entstehen, wenn man
die ewige Trübe nicht mehr aushalten kann
und macht den größten Unsinn zusammen.«

»Das war früher unsre Schreibstube in Hallu.
Ich habe noch Bilder vom Sommer 15 dort mit Wachtmeister Gräber –
in diesem jetzt umgelegten Zimmer.«

»Aus den schönen Zeiten unseres Unterstandes:
der rechts Sitzende bin ich in meinem Hausrock. Neben mir Bischof, der »Herr Fotografist«, wie ihn die Infanteristen respektvoll nennen. Neben Bischof auf dem Tisch stehend ein 15,7 cm Blindgänger, den uns die Franzmänner an diesem Tage auf unsren Unterstand gejagt hatten, jedoch ohne daß er krepierte, – (nicht erschrecken, er ist, bevor wir ihn hereinbrachten, schon unschädlich gemacht und kann keiner Katze mehr was tun!) – Der am Tisch sitzt, ist einer unserer Kanoniere, stehend mit den aufgerissenen Augen Andrea. Und Däublin halb verdeckt. –«

Carl Zuckmayer, Maubeuge, Mai 1917

Flandern,
November 1917

Kurt Grell, 1921

17.7.17

Mein lieber Freund!

Ich habe mir erlaubt, Ihnen ein Buch zuschicken zu lassen, das Sie sicher gern von mir annehmen werden und hoffentlich mit Freude lesen. Es handelt von neuen Menschen, vom Ziel und der Bestimmung des bewußten Menschen unsrer Zeit, vom Glauben, – vom starken, tiefen, wundertätigen Glauben der leider noch Wenigen, der eine Macht sein wird und die einzige Möglichkeit einer lichteren Zukunft, einer reineren Lebendigkeit, einer höheren Aufwärtsentwicklung ins Geistige, Reine, Wahre und Lebenswerte darstellt. Höhere, bessere, tiefere Menschlichkeit. Weg zur Kunst, zum Licht, zum Geiste, – zum Geist um seiner selbst willen, zum Leben, zur Gemeinsamkeit, zum Frieden, zum sozialen Ziel: das heißt: zum Gutsein an sich, zum Mensch-sein an sich, zum Leben um seiner selbst willen. Denn hier, in dieser dumpfen, jämmerlichen Unzulänglichkeit spiegelt sich nur eine trübe Schattenwelt, Puppen, Figuren, Masken und maskenhaft schreckliches Geschehen. Unser Leben aber ist eine Ausstrahlung des himmlischen Lichtes, das wir nur zu erkennen brauchen, zu bekennen, um es zu besitzen. Ewige, schöpferische Kraft des Guten, Leuchtenden, Erwärmenden, ewige, schöpferische Bewegung: – Gott. Wir aber, die Jungen und Bewußten unsrer Tage, wollen – heiß in Liebe zu allen Blinden, Stapfenden, Nächtigen, – seine unendliche Fackel hoch schwingen über unsren zertretnen Gräbern, stöhnenden Städten, rasenden Fabriken, – hingegeben, – bereit zum Letzten, frei, stolz und stark zu jedem Kampf. –

Immer war so mein Glaube. Nun habe ich endlich Fühlung gewonnen zu Gleichgesinnten, zu den Menschen der jüngsten, noch kaum aufgetretnen, idealistischsten Strömung, die, hinausgehend über die Gewolltheiten und Maniriertheiten der »... ismusse«, in diesen Tagen grausten Elends, düsterster Aussichten, unzulänglichster Lebensumstände zukunftsfroh, siegbewußt und ungebeugt in ein strahlendes Land des Lichts weist, hoch über den Fremdheiten und Getrenntheiten der armen, verworrenen Irdischen, des Völkerhasses, der Spaltungen und Zwiespälte. –

Meine ganze freie Zeit verbringe ich damit, für das in nächster Zeit auftretende neuste Organ, an dessen Entstehen ich teilhaben möchte, zu arbeiten. – Ich bin (nun auch Offizier geworden) – immer noch A.V.O. in einer Gegend, in der sich wohl bald wieder mal was abspielt. Wo – das tut nichts zur Sache. – Und Sie, lieber Freund – übrigens, ich gratuliere noch zur Beförderung u. danke für den Brief, – schreiben Sie bald mehr von sich!
Und, mein Freund, auf Wiedersehen! Vertrauen Sie auf die Zukunft, kommen Sie mit! Und seien Sie sehr herzlich gegrüßt von Ihrem treuen

Carl Zuckmayer

14. X. 17

Mein lieber Freund!

Ich danke Ihnen herzlich für den lange erwarteten Brief, herzlich für Ihr Bild. Ich vermute fast, Sie sind im Westen, – der Brief, obwohl an eine falsche Feldpostnummer gesandt, brauchte nur wenige Tage. Wo sind Sie? Falls im Westen, müssen wir uns bald treffen. Ich war nun Wochen in Ruhe in Maubeuge (nach 4wöchentlichem Einsatz vor Ypern). Heute werden wir, wieder nach Flandern, abtransportiert, – aufs Neue in diese Wahnsinnsschlacht. Es ist ungeheuerlich, daß die Menschheit sich dieses bieten läßt. Aber wie aussichtslos ist jede Sehnsucht. Unterdrückt und gefesselt die Stimmen der Vernunft, der Menschlichkeit, Geschrei der Sinnlosen, hohes Phrasengerede der »recht Denkenden«, Verlassenheit und Einsamkeit des Menschen, der zum Menschen will. Die Zeit ist furchtbar. Es ist eine harte Prüfung. Wir aber wollen nicht mutlos werden. Wir wollen an die Freiheitskämpfer denken, die 12 Jahre im Kerker schmachteten, um sich durch diese Nacht hindurch die Glut und Reinheit ihrer Seele zu bewahren. So wollen wir durch diese Blut- u. Mordnacht gehen. Dem Ziel entgegen. Es kommt. Sollen wir diesen Krieg überleben, dann bricht eine Zeit an des edelsten Kampfes, – dann soll uns kein Mittel zu gefährlich, kein Opfer zu groß sein, um der Zukunft die Freiheit und den Menschen ihr Recht zu verbürgen. Alle die, denen der Geist seinen fernen Schein offenbart: Künstler, Denker, Dichter,

– geschaffen, Künder und Mittler zu sein, – sollen sich ihrer gewaltigen Verantwortung bewußt sein. Nicht ist die Zeit des Genießens, des Spielens mit schönen Gaben. Einsetzen wollen wir uns, unbedenklich, bis zum Letzten: zum Guten, zum Irdischen, zum Menschen, – – zur Liebe bereit. Die Liebe müssen wir vom Himmel herunter holen. Sie muß unser Werk, unser Leben, unsre Tat durchstrahlen. Gewiß, – wir sind göttlichen Ursprungs. Aber die Vollendung unsrer Sehnsucht soll uns nicht in klangschöne Auflösung, Verschweben in mystischen Strahlen, Erlösung im Tode werden. Hart und gewaltig zwingt es uns zur Erde. Wir sind von Staub. Wir sind der Mensch. Das Erd-Wesen. Sei unser Ziel, ihm Gottes Atem einzuhauchen – die Liebe. Die Erkenntnis, daß wir niemals die »Welt verbessern« können, daß wir keine verstiegenen »Volksbeglücker« sein können u. wollen, darf uns nicht niederdrücken: wir brauchen ja nur uns selbst zu »verbessern« und wir verbessern die Welt. Die Welt, die wir heiß lieben. Die wir nicht fliehen dürfen, da uns das Schicksal einmal in ihre Unvollkommenheit gestellt hat, – das wäre feige. Nein, – mitten hinein in ihr wildes Drängen, helfen, kämpfen, voran beim Vormarsch zum Licht. Der aber kann nur über die Trümmer der Mauern führen, die heute den Weg verfinstern. Nichts ist »unmöglich«! Nichts ist »unerreichbar«. Ein Geist, vom wahren Feuer erfüllt, ist fähig, Tausende zu besiegen. – Freund, ich rufe Sie auf zur *Verwirklichung*. Nur Mut braucht es, nur Entschlossenheit zu allem. Und wir können in *uns* den Menschen verwirklichen. Das Wunder ist immer da. Es harrt nur unsrer Erkenntnis. Die Zeit bebt in Nacht. Das Licht entzündet sich in unsrem Blut. Gott ist nahe. – Das Buch von Rubiner entspricht auch meiner Auffassung in vielem *nicht*. Ich liebe nicht die nackte, nicht umgegossene Begeisterung, die zu leicht in Schwülstigkeit ausartet. Aber es ist rein, gut gewollt, und enthält sehr edle, prachtvolle Gedanken. Es hat die Liebe. Das genügt. Immerhin: es ist erst eine Ahnung. Wir aber wollen in die Zeit der Verwirklichung. Ich schreibe Ihnen ein paar Gedichte von mir ab, die mir gerade einfallen, und schicke Ihnen eine Novelle, die ich in Abschrift da habe. Schreiben Sie mir bald wieder, Sie machen eine große Freude

Ihrem treuen Freund
Carl Zuckmayer

Juni 1917

Der Reigen

Die Nächte wiegen sich wie schwere Blüten.
Im Atem ihrer Düfte schwillt der Traum
vom unbeschränkten, ewigkeitdurchglühten
Geschehen im unendlich sternenweiten Raum.
Die Erde stöhnt und jauchzt in Finsternissen.
Wir sind im Geisterflug aus ihrem Bann gerissen.

Da schlingen dunkle Welten sich in lichte,
da kreisen Ströme grenzenloser Glut,
da wandeln sich Gedanken in Gesichte
von großer Harmonie aus Seele, Geist und Blut.
Da brausen Kräfte, zeugend und vernichtend,
göttliche Welt aus Stoff und Chaos dichtend.

Geheime Mächte strahlen durch die Fernen,
wirken sich aus in Sonne, Mond und Meer,
in Sturm, Lawine, rasenden Gesternen,
tönender Liebe, rasselnd-dumpfem Totenheer.
Ihr Hauch weht wunderbar in seltnen Dingen:
Versöhnung – Bruder – Kunst und Werkvollbringen.

Und Hände finden sich in warmer Milde,
die eben noch zum Brudermord verkrampft.
Lächelnde Liebe, – keuchende und wilde, –
bräutliches Bett auf Leichen, mörderisch zerstampft –.
O gib Dich hin in Sturmgetös und Schweigen – !
Hörst Du den fernen Klang vom goldenen Götterreigen?

O gib Dich hin, unendliche Geliebte!
Wir sind die Schreitenden im leichten Takt.
Aufsingt das Licht, das ewig Ungetrübte.
Aufspielt der Gott,
der bocksfüßige Wiesengott, bekränzt und nackt.

Rings Wälder wandern in erregten Wogen,
die tausend Wipfel läuten Stimm und Klang,
erblühter Himmel tanzt in Kurv und Bogen
– immer im Kreis
im Kreis, – seiner Erschaffenheit Bewegungszwang.

Die Tiere taumeln selig durch die Tage
und nehmen Lüste aus des Schöpfers Lust.
Und Schmerz von seinem Schmerz, o Schicksalsklage.
Aber der Gott,
der glanzäugige, flicht den Kranz von Brust zu Brust.

Es keimt die Fruchtbarkeit entflammter Tropen
durch kühle Wasser und erlösten Sinn.
Wie schlanke Jagd geschreckter Antilopen
stob unser Herz,
das sturmjauchzende, steppenweit in Licht dahin.

Nun sinkt der Vorhang blasser Horizonte.
Das hallende Tor ist plötzlich aufgetan.
Da wölbt sich unbegrenzt die tief durchsonnte
reinere Welt
und schmerzloser Lebendigkeit kristallne Bahn.

O gib Dich hin, unendliche Geliebte!

O jeder Morgen bebt von seiner Nacht
und jeder Klang von seinem Gegenklang.
Grausig erfüllt
ist aller Sinn von seinem Widersinn.
Geliebte, Rasende, wohin, wohin
verschleudert uns der fleischgewordne Zwang,
reißt uns der schwarzen Stürme blinde Macht,
stößt uns der heiße Schrei, treibt uns das fremde Bild?

Die irren Lichter
flackern und straucheln im Geblendetsein
von ihrem eignen Glanze. All die Leuchtenden
im Raum die Sonnen brausen dumpfe Bahn,
gedreht im blinden Triebe ewiger Einsamkeit.
Immer keucht der Kampf,
der irre Kampf der Kräfte, unerlöst,
der brüllenden, gebundnen aufgewühltes Meer.

O jeder Morgen bebt von seiner Nacht.
Aus weißen Leibern strudelt schwarzes Blut.

Auf beiden Ufern ist die Not geringer

Auf beiden Ufern ist die Not geringer.
Die Auen glätten sich in flache Zeit.
Die Halberwachten prahlen als Vollbringer:
Ehrendoktoren, Helden, Meistersinger,
Und Volksbeglücker, und Unsterblichkeit.

Die Strömung abwärts gleiten und verwehen – – –
Doch welcher Abend deutet nicht auf Tag
und welche Tode nicht auf Auferstehen
und blinder Opfer unerhörtes Flehen
wird dunkler Saat unendlicher Ertrag.

Uns müssen Strudel brausen und erfassen
erbarmungslose Rächer jeder Schuld –
und kein »Zurück« und niemals locker lassen
Madonnen lächeln o durch alle Gassen
in tiefer Süßigkeit und großer Huld.

Wir treiben durch die Nebel einander zu

Wir treiben durch die Nebel einander zu,
Segel von Sturm erfüllt, umschäumte Kiele.
Donner in der Nacht, Feuer über Städten, Mensch: wie weit bist Du!
Dein Tag verschwendet sich in Zeugungsspiele.

Alle Geliebten schweben über Bäume
Von tönendem Geäst aus Gott und Dir.
Wir sind: Gesang, Erlösung, die beglänzten Träume,
sind Schimmerschein, und Ahnung gütiger Gebärden, ewiger
Gedanke: wir!

O über unsre Brücken ist ein Schreiten
lichterer Frauen,
die dunkeln Strom und nächtigen Weg begleiten.
Steuerlose im Meer, Brüder! Wir dürfen vertrauen!

Im Juni 1917

Bruder, Deine Hände

Bruder, Deine Hände sind so von Licht beschwert,
daß Deine Arme nicht zum Himmel reichen.
Deine Augen blühen Güte, irdisch unverklärt,
– und Deine Seele tönend überstreichen
die Äolsharfenwinde Deiner Menschlichkeit –,
so bist Du göttlich eingesargt in jedem Leid,
und frei in jeder Hoffnung, jedem Überschwang,
und Kind in jedem Traum, und Sklave jedem Zwang.

Immer aber ihr zu früchteschweren Äste
neiget ihr Schmerzgesicht im mütterlichen Bogen.
Schönheit überwelkt und wird verlogen.
Truggeleucht nächtlicher Fackelfeste
zerstäubt in Sternensturz, zerrinnt in schalen Wogen.

Brände aller Welten möchten unser Herz verzehren,
Stürme rütteln, Not und Tod verheeren,
maßlos, ziellos, nimmermehr verlöschen:
Bruder! Wir müssen durch! Wir müssen durchbrechen!

Bruder, wir fühlen uns. Wir sind einander groß
und Kindheit, Glück, Erinnerung, bedingungslos.
Weit sind die Meere unsrer Endlichkeit.
Wir fühlen uns. Du Tag brich an. Wir sind bereit.
Bruder, Deine Hände sind schwer und oft durchbebt von Qualen.
Einst aber wird Deiner Stirne Glanz zum Himmel strahlen.

Anfang Oktober 1917

Mittlerweile sind wir wieder eingesetzt worden:
Südlich Wytschaets, unweit Lille. 20. X. 17

Schreiben Sie mir, wenn Sie noch leben und noch manchmal an mich denken.
Ich bin stets

Ihr Carl Zuckmayer

(Ihren letzten Brief erhielt u. beantwortete ich ausführlich Anfang Oktober 1917.)

Aus »Liller Expressionen«
November 1917

Es klingen viele Gärten von uns auf
und winken Ferne, strahlenüberzittert.
Du armer Sehnsuchtsgriff. Geblendet Du. Umgittert.

Einst war ein Bild uns nah. Das sank und sank.
Wir taumelten in roten und in blassen
Blutströmen hin und wollten einen hassen.

Zerröchelten die Nächte weh und krank,
wie Irre fremd, wie Sterbende verlassen.

Verschäumter Duft. Und Atem einer Frau,
hinstreichelnd Hände über Fieberstirnen.
Der Mensch zerglüht. Wir möchten uns enthirnen.

Aufflügelnd aber. Grenzenlos gedacht
ist Licht und Kraft. O sei. Du bist erwacht.

Geburt der Bewegung

Rund wir umstellt von Tag und Tod gehetzt
Vergangenheit Erlebnis erdenschwer Behängte
vom platten Blick der »Wirklichkeit« verletzt
in Ding Begriff Gesetz Gewalt Gezwängte.

Bis diese Welt von innen ganz durchbebt
und wild geschüttelt von zu schweren Wehen
in Krampf und Flamme zuckend Hände hebt
und Stoß und Sturz und Schrei und Schritt geschehen.

Entbundne Straßen schlagen hoch empor
und alle springen knisternd blaue Zungen.
Wie rote Fackel schwelt der Abend hin.

Viel Arme schwingend braust befreiter Chor.
Weit wogenüber wir in Licht gesungen
umarmen uns und haben gleichen Sinn.

Lied der Seelen

Sehr früh fällt Dunkelheit und eingeschmiegt
ertrinken alle Formen tief in Nacht.
Wir sind der Weg. Wir sind aus Gott gemacht.
Wir sind der Geist der über Wassern wiegt.

Wir gingen gern durch Kirchentüren ein
und dürfen nicht in Ruh und Dämmer bleiben.
Wir klirren leise in den Fensterscheiben.
Wir funkeln drohend ferner Feuerschein.

Wir gehen auch gelinde und gemach
und sind Musik sind wunderbare Stimme
sind Schwebende und allen Winden wach.

Wunder

Die grünen Feldgendarmen arretierten einen,
den keiner kannte. Fremder Flüchtling wohl.
Eine Frau, die dieses sah, fing an zu weinen.

Da läutete es in der Luft. Gotische Türme schwangen
erhabener in Bläue auf und Raum,
es regnete wie Gold, und viele Stimmen sangen.

Doch faßt ich kaum,
warum nicht alle niederstürzten ihre Kniee zu umfangen,
die schmerzlich stand umbraust von Heiligenscheinen.

– – –

Lieber Freund, ich schicke Ihnen die paar Proben aus meinen letzten Gedichten. Warum höre ich nichts mehr von Ihnen?
Schreiben Sie bitte bald wieder Ihrem getreuen

Carl Zuckmayer

Mein lieber Freund Kurt!

Von »Verzeihen« kann keine Rede sein: ich weiß ja, wie Ihnen ist, ich kenne Ihre Stunden der völligen Vereinsamung, ich kenne die Bitternis Ihrer Nächte, die Gewaltsamkeit Ihrer gefesselten Tage, ich weiß Ihre Bewegung, die Sehnsucht Ihrer Augen und den Schmerz um Ihren Mund – –
Sie sollen mir nicht schreiben. Es ist ja so unnötig. Ich weiß ja, daß Sie sind, daß Sie sind und sein werden. –

Nehmen Sie diesen armseligen Brief, – mehr kann ich Ihnen jetzt nicht geben, – nehmen Sie ihn manchmal, wenn Sie ganz allein sind, und fühlen Sie einen Bruder heraus, der ein Mensch sein möchte: Mensch-sein – Bruder-sein, Wesen Gottes sein, lieben. Fühlen Sie einen heraus, der Ihnen seine Seele schenken will und die Tiefe seines Herzens, – (seien wir frei, kommen wir zueinander, wie es uns befiehlt, wir sind ja so Wenige –) –:
der Dich liebt.

Jetzt in diesem Augenblick, wo alle Welt einen Frieden, den ersten großen Frieden dieses Weltunheils, bejubelt, der mich (wenn auch sicher ein Schritt weiter zu unsrer Befreiung aus Ketten), – so schmerzlich bewegt, (ich gebe niemandem eine Schuld, – aber es schmeckt so bitter nach Blut, so wenig nach besserer Zukunft,) – in diesem Augenblick, wo alle Welt in Flachheit, Plattheit, Lüge ertrinkt, wo vielleicht ein Friede bevorsteht, aber – leider – anscheinend keine Beendigung des heimlichen »Kriegszustandes der Welt«, – – – müssen wir uns doppelt fest zusammenschließen, denn wir werden – überlebend – noch viel einsamer sein, als vorher. Und werden keine leichte Zukunft haben. –

Ich grüße Dich, Bruder, ich bin

ewig Dein Freund
Carl Z.

4. III. 1918

Kammermusik 21. 1. 1918.

I.

Wir steigen immer auf und ahnen
um unsre Scheitel grenzenlose Höhen
wir geben uns an Wolke Flug und Wind, –
wir heben uns in glanzgewordne Bahnen, –
umkränzte Welt! – harft hin ein Herbst und spinnt
schaudernde Schatten, die mahnen,
daß wir ein Hauch: daß wir Gesang sind – –
Entblätternd Zeit, ein Strand, von Seele oder Saum
des Himmels flüsternd, schwellend, schaumumspült,
wie Brandung tiefer Ebbe, uferwärts
die Wimpern schlagend, weiß emporgefühlt
aus Meeresgrüne, Leben oder Traum
empfängt uns. Mütterlich. Du ganz verschenktes Herz – – –

II.

Da mündet Nacht und Morgen in ein Tor,
verhüllen Pfade sich ins Ungewisse,
zerschwingt ein Klang in Glas, verlor
sich Blick und Schritt in Rosenfinsternisse ...

Verwehte Gärten, ihr in Traum gesponnen,
umrankter Lauben Duft am Schimmerteich,
geliebter Hände Gruß, versunkne Sonnen –
wir werden hin in Weh und sind zerronnen
in Ewigkeit. In Andacht. Ins geträumte Reich.

III.

Sprang auf wie Triller, hüpfend über Mond
und Wiese, leicht geformter Tag –
Du bist ein Kind, um Deine Schläfen wohnt
gottgutes Frohe-Sein, das nie sich wandeln mag – –
trägt Dich Dein Tanz über Nebel, Tanz der unendlichen
ewig wiegenden biegenden fliegenden Dinge des Lichts –
bist Du hinangesungen dem Unabwendlichen,
hochgeschwungene Linie des Seins, Besieger des Nichts, – –
bist Du ein perl-tropfendes Lachen –
(aber von Güte tief und liebendem Sinn unterlegt –)
leise spielenden Spottes –?
Oder ein – (Wind rieselnder Schwall über die Welt bewegt –)
Erwachen
Gottes – ?

IV.

Wir wußten kaum von unsrer Schritte Ziel
und wollten uns in Scham und Glück verstecken,
als aus dem Dunkelgang seltsam verschnittner Hecken
strahlender Helle Tag und Sonne fiel.

Es ordnete die Fülle der Gestalten
in Formen sich und reine Klänge, die
– hoch himmelüber dieser Welt gehalten –
sich einigten in klarster Harmonie.

Aber der Mensch? Der Nieder-Zwang? Der Aufwärts-Wille?
Weit über sich hinausgedacht
ist er entfacht
zur tiefsten tönendsten Stille.

Der Sieger

Visionen in der Schlacht

März-April 1918

I.

Wie Straßenstaub von vieler Füße Stampfen
emporgewirbelt wälzt sich Takt und Klang –
Die Lebensluft erlischt und durch die Leere dampfen
die aufgerißnen Mäuler Siegersang –

Sie haben ihres Wesens Spur verloren
und wanken hin wie aufgelöst von Glück ...
Der Chor der Dichter Priester Räte Professoren
der weisen Greise Frauen Helden Matadoren
verspritzt in alle ohnmächtigen Ohren
Raubtiergebrüll – wie süßeste Musik.

Ach – und es ist so leicht sich tragen lassen.
Der Erde Schoß ist von Verwesung weich.
Es blüht ja überall so fett und reich.
Es keimt so üppig aus von Blut noch nassen
Gräbern, aus Mist, aus Moder, aus verfaultem Fleisch.

II.

Ach – und es ist so leicht sich tragen lassen – –
So treibt im sanften Rhythmus guter Gültigkeit
der Zug der roten und der Zug der blassen
Mörder und Opfer Arm in Arm gereiht.

Entrollte Fahnen schwellen über Fräcken
hohlwangiger Krüppel buntbeschärpt und stolz,
die Finger steif gekrallt ums Stangenholz,
als gäb es nirgends Hunger und Verrecken.

Beglückt in kleinen und in großen Räuschen.
Verzückt in Sünden die man kann und darf.
Ehrenjungfrauen sind auf Helden scharf.
Paar helle Farben wollen »Jugend« – »Leben« – »Freude« –
täuschen.
Feuerwerk – – die weißen Kleider winken – –
Verlöschen – schon Schweigen – zerfetztes Lachen – abgehackt –
Versinken Versinken
Die Nacht erhebt sich marmorkühl und nackt.

III.

Die Nacht erhebt sich marmorkühl und nackt.
Gibt ihre Hände über Fieberbetten
und Schweiß und Einsamkeit in heißen Lazaretten
und Sterbende, vom letzten Krampf gepackt.

Da hüllen sich die Dinge in den Samt
der Träume, – und der weißgetünchten Mauern
lastender Druck entwölbt sich sternentflammt
in Gottgefühl und in Erlösungsschauern ...

Hebt sich ein Antlitz irdisch unverschönt
aus Herz und Sehnsucht, über uns zu schweben – –
Wehmund-blutperlen-bleich und schmerzgekrönt –
Sieger –! denn diese Augen leben. Leben.

IV.

Denn diese Augen leben. Leben ohne Tod
und ohne Ende, ohne Flucht und Zwang,
wie Glut und Sturm, Gedanke, Lichtgebot,
Bewegung, Schönheit, Liebe, Überschwang.

Senkt sich ihr Glanz in Grab und Erde ein,
zerbersten alle Berge, alle Ketten,
versinken sinnlos alle Schädelstätten,
vermögen alle Hände zu befrein.

Oft über unser Haupt von Schmerz umhangen
verschenkten sie wie milden Morgenschein
und sangen:
Oh Du! Oh Bruder Mensch! Du bist ja nicht allein!

V.

Entkleidet uns der Maske Mordgebärde,
entfesselt uns aus Erde, Blut und Tier –
zerstampft und tief geduckt entjubeln wir
– gedankenlang – Erlöste und Verklärte –

der Zeitlichkeit: (Du bist ja nicht allein!)
Schon wirbeln Lichter Stimmen Hymnen Heimathäfen – –
Ach – auch um unsere bestaubten Schläfen
wird noch Gold Taustrahl und Purpur sein.

Dem Kameraden

Am Tage, als ich diesen Brief schrieb, brach Sperre aus. Inzwischen aufs neue mitten im Kriegselend. Aber ich lebe und es geht mir gut – – »geht mir gut«, – d. h. ich kann ganz weit weg sein, sehr ruhig und über meinem Schmerz.
Alle herzlichen Grüße!

Mein lieber Kurt!

Nur einen kurzen Gruß, damit Du weißt, daß ich noch lebe. Völliger Nervenzusammenbruch, Herzneurose. – Liege in Mainz im Lazarett, – nicht gefährlich, aber dringend der Ruhe bedürftig. Die habe ich hier. Außer viel Kopfschmerzen, ein bißchen Schlafwandeln, Nervenzucken und Herzklopfen geht es mir ganz gut. Es ist hier sehr einsam. Katholische Schwestern, still und gütig. Ein verschlafenes, altmodisches Gärtchen, ohne Menschen. Mehr brauche ich nicht. – Ich schreibe in den unbewachten Stunden (denn eigentlich ist mir jede Tätigkeit verboten, es ahnt ja keiner, welch tiefste Ruhe, welch wahre Gesundung in diesem Schreiben liegt) – an meinem Legendenstück, an dem ich seit einem Jahr innerlich arbeite und das nun endlich fertig wird. Es wird möglicherweise in Berlin aufgeführt, noch diesen oder nächsten Winter. Die Entwürfe haben an maßgebender Stelle Beifall gefunden. Vielleicht erscheint, – noch im Laufe dieses Jahres, – ein Bändchen Verse von mir im Druck. Du bekommst es dann natürlich. –

Hoffentlich geht es Dir gut. Bleib gesund!
Alles, alles Gute!
Dein treuer Freund Carl

Hallu und Chilly, Lihous und Chaulnes sind jetzt wieder deutsche Artillerielinie ..... oh arme Piazetta ...!

11. 8. 18 Mainz, St. Vincenzkrankenhaus, Kästrich

Mein Lieber, –

ich möchte Dir einen Brief schreiben, aber ich bin worteleer, diese unzulänglichen Ausdrucksmittel unseres Glühendsten, Brennendsten,
sind mir so fremd geworden
in diesen Tagen,
daß ich nur mit all meinen stummen Möglichkeiten zu Dir hinfühlen kann. –
Du sitzest jetzt vielleicht mit gleichgültigen, maskenhaften Menschen an einem Tisch, Wein trinkend, oder gar Skat spielend, oder die Note Burians beplätschernd,

fühlst Dich sehr deplaziert,
und spürst hinter einem unbewegten Gesicht, dem sich die vierjährige Gefangenschaft als teilnahmslose Notwehrverstellung aufgedrückt hat, die wahnsinnige Sehnsucht eines Verschmachtenden nach Trunk:
nach einer beethovenschen Sonate –
oder dem diamantenen Jubel mozartscher Frühwerke –
oder dem tiefen Seele-rausch Brahms'scher Musik
oder –: sternhimmelklare Beruhigung, – Johann Sebastian,
Verkünder der erlösenden Freiheit der beherrschten Form – –

Und es erklingt Dir –
einen Augenblick lang –
die unendliche Melodie unserer heiligen Gelöstheiten,
einen kurzen Augenblick lang –
da bist Du weit und frei und hoch über allen
Hemmungen unserer armen Endlichkeit – –
einen kurzen, endlichen, begrenzten, kleinen Augenblick,
aber in diesem Augenblick ist keine Ferne und kein Unterschied mehr zwischen Dir und mir, –
und, wisse, in diesem Augenblick
und in der großen Kette dieser Augenblicke
ist Ewigkeit. –
Ist uns ein Pfand gegeben, daß wir der Erlösung bestimmt sind, –:
was tut es, –
daß unser Irdisches in das Dunkel der Einsamkeit
zurückstürzt?
Im Überzeitlichen, im einzig Reinen, im strahlenbrechenden Kristall der Wahrheit, in der letzten, geläutertsten Steigerung unserer Wesen,
sind wir vereint –.
Da fällt die Schwere wie Mantel von unsren Schultern.
Siehe: der Morgen entbreitet sich unsren Herzen.
In Treue
Dein Carl Z.

Mainz, 17. 9. 18

M. l. Freund! Endlich habe ich – durch meinen Onkel, an den Sie schrieben, – wieder von Ihnen gehört, ich *freue* mich sehr darüber, Brief folgt, nächster Tage, ich bin hier gerade angekommen und auf Wohnungssuche. Sie können vorläufig an: CZ, bei Dr. Fraenger, Heidelberg, Hauptstraße 187, schreiben! Nun werden wir uns nicht mehr aus den Augen verlieren und hoffentlich bald einmal wiedersehen!

Herzlichster Gruß

Ihres Carl Zuckmayer

1. 5. 19

Freund – ich habe schon lange einen großen Brief an Dich in Arbeit, – es ist *so* Vieles, es ist kaum zu sagen, was es zwischen uns an Mitteilung gibt. Denn zwischen der Piazetta und der Revolution liegen die ungeheuersten, geballtesten Erlebnisjahre unserer Möglichkeit. – Bald wird der Brief fertig sein. Nach Pfingsten. Dann hörst Du von mir. Ich bin so in Arbeit und gehetzt, – diese Zeit reißt furchtbar an mir. Mein Weg hat sich verändert seit jenem Sommer, das, was Du »meinen Optimismus« nennst, ist restlos geblieben, – lebt auch in der bittersten Erkenntnis, der Notwendigkeit jeglicher Destruktion und Zerstörung.
Was sollte uns sonst bleiben, wenn nicht unser unsterbliches Teil –

Von Herzen! Dein Carl

4. 6. 19

Vor einem Jahr, mein Freund, – ich kam aus dem Nervenlazarett und verbrachte drei Wochen Erholungsurlaub in tiefer Einsamkeit, ganz allein in einem verlassenen Gasthaus, Fluß und lange Nebel und herbstduftender Wald – –. Es floß große Sehnsucht nach Stille, Einkehr, Besinnung – und es riß Schmerz und brennende Leidenschaft schon in die Qual und den Schrei der Aufstände. Da schrieb ich diese Verse. Es sind *keine Gedichte.* Aber sie sind hilflos und ganz erlebt.

Weltliche Passion

(Oktober 1918)

I.

Wir: um die weiße Steile unsrer Glieder schlingt
sich Erde, – um die weißen Flügel unsrer Stirnen und
um Hand und Griff und wortgewillten Mund
ist immer Erde die uns tief durchdringt.

Die Stunde die Unendlichkeit verheißt
entblüht der Seele die von dem berührt,
was unsrer Hoffnung große Linien führt
und über unsrem Blick erhaben kreist – –

Wir heben Schreie hin – und suchen allerorts –
und greifen ans Unfaßliche – und schauen –
doch immer nur: im Spiegel eines Worts ...

und bleiben kalt wie unfruchtbare Frauen,
wehrlos im Bann der Finsternis, des Mords,
umfernt von Morgenröten die ergrauen.

II.

Geliebte Erde – Paradies der Leiden –
was schüttest Du um unsren Kreuzweg her
die Wunder Deines Scheines: Farbe Licht und Meer
und diese Nächte, reif und dunkelseiden –?

Was stößt Dein Flug nicht unsere Geschicke
von sich hinweg – in unser Reich – ins All –,
das, formenklar und einfach wie Krystall,
den Weg erschlösse dem befreiten Blicke?

Was schlägst Du uns und jagst uns ohne Ruh –
was hältst Du uns in Durst und Sucht befangen
und überlastest uns mit Sehnsucht Du,
daß wir im gleichen Drange Deinen Schmerz empfangen,
wie Deine Lust, und zweifelnd immerzu
Dich lieben müssen die wir nie umschlangen?

III.

Ich hasse Dich! – und stelle meinen Haß
der meine Brust zerreißt den Herrschenden entgegen,
der Macht die Grenzen zeugt und Hunde die sie hegen,
die Sklaven bildet ewig arm und blaß.

Ich komme von den Gräbern, wild verweint,
ich komme aus durchseufzten Katakomben –,
Schrei aus Fabriken, Schrei zerplatzter Bomben,
so brenne ich und suche nach dem Feind – –

und fühle schaudernd wie dem dunklen Brand
ein Stück von meinem Selbst zum Opfer fällt
und wie dies Wort sich bitter formt: Entsagen ...

und wie der Tag verfehlt und unerkannt
zu Abend schreitet, weil die Welt
den eignen wehen Leib ans Kreuz geschlagen.

IV.

Du goldner Glanz in einer Domkapelle,
hinstreichelnd über steinernes Gebild
und stumme Augen die Dein Hauch erfüllt
mit einer Ahnung grenzenloser Helle – –

ich sah auch einen sterben welcher schlief
und lächelte, ganz auf gelöste Weise,
entspannten Mundes, stillen Herzens, leise
in Ruhe glitt und Ferne die ihn rief –

und weiß von Wäldern die in Herbst verzückt
leuchtend und laut dem Tod entgegensingen
und Tieren die voll schlichter Güte sind

und Frauen die ihr ganzes Sein der Liebe bringen
und sich vollenden, still zur Welt gebückt,
im Wunder der Umarmung, das uns neu beginnt.

Sommer 1919

Mein Freund, – es wird mir schwer Dir zu schreiben, denn ich weiß, daß unsre Wege sehr auseinandergelaufen sind, – und doch ist dies kein Anlaß, der unsere Freundschaft zerstören könnte. » – denn wenn die Welt vergeht – dann fällt der Zufall weg – *Das Wesen das besteht –«* Auf das Wesen allein kommt es an. In unserem Wesen gehören wir zusammen. Das heißt: wir wollen das gleiche, die Durchdringung der erlebten Welt von innen her. Wir trafen uns in einer irregeleiteten lauten gierigen Zeit, in der auch wir unseren brennenden Durst nach Liebe und Glauben, nach Idealismus, nach einem Ziel, leuchtend über den allzu kalt gewordenen Bahnen unseres Straßentages, – hinströmen ließen in dem falschen Lauf starr gewordener Begriffe, Schlagworte, Hohlheiten, Verbrämungen einer gaunerschlauen Gesellschaft, die ausnutzen will, ausnutzen, benutzen, nutzen – nicht: *sein,* – nicht: *werden,* – sondern: nutzen, hochkrallen, zerteilen, besitzen. – Dafür floß unser Blut, – *mehr noch:* dafür, dafür suchte unsere Seele in blinder Sehnsucht, – das war das Schlimmste und die tiefste Schuld dieser Zeit: Ausbeutung der Menschenseele. Eines Tages – in einem zerbrochenen Blick, in einem Todesschrei, in einer dumpfen, geknechteten Stadt, in irgend eines Schicksals aufgerissener Bezwungenheit – erwachten wir. Und mußten sehen lernen, klar, hart, erbarmungslos, – um wieder glauben zu dürfen. –

1916

Was ist noch die Piazetta – eine Abendstimmung – ein hingewehter Traum, nach dem man nicht mehr greifen darf – Jetzt ist die Welt ein Totenbeinhaus geworden, und es gibt nichts als Weinen Weinen, aber unter diesen Leichentüchern schwillt Empörung.
Ich fahre in einem vollgepfropften Urlauberzug durch eine donnernde Nacht, schwer von Schwärze und windzerfetzt. Ich spreche nichts. Laternen wehn an Stationen auf. Ich brüte hin. Ein Bahnhof – menschenwimmelnd – springt auf. Ich brenne in jedes Herz hinein. Schreie lautlos. Rase.

Empörung!

Mensch so Du noch Mensch bist zerschlag die Lügenmauer Deiner Götzentempel und greife, o greif erlöste freie unbedingte Hand nach Deinen ewigen Sternen –

Härte. glasklar. Kalt. Ich schleppte durch Flandernschlacht und Ruhe u. Somme u. Lens viele Bände, Unterstandsnächtelang, Tage lang, Nächte lang: Volkswirtschaft. Politik. Ökonomische Staatslehre. Staatstheorie. Dann: Dokumente der Politik seit 48. Bismarck bis Bethmann. Glasklar, hart. Maske fällt. Vorhang reißt. Statue stürzt.

Lüge!

Dann: hundert Dokumente an allen Ecken und Enden. Akademismus, Kunst-»betrieb«, – Bürgerstumpfsinn, – Staatskirche –: der Verkalkung und Verlogenheit dieser Zeit. Resultat: der Krieg.
Mißbrauch der Seele, Schändung des Menschenleibes, der – armer Gekreuzigter, – ein Recht auf Glück und Leben hat, ein ewiges Recht. – Schändung der Seele: Vaterland. Heilige Pflicht. Geldsack. Kriegsgewinn. Kameradschaft. E. K. I. = Schiebung und Beförderungsintrigue, Verpflegungsoffiziere –, viehische Ärzte, Etappe, Ehrgeizlinge die Bataillone opfern – oh Kulturmenschheit – auf eines Negers blutgeborne Urwildheit schimpfend! – –
Und doch. Und doch. Und doch. Die Kameraden –: das sind – die Armen, die dumpf im Graben Hockenden, die in Fabriken Zermalmten, die Geschobenen, die Getretenen, die Mühseligen und Beladenen – Ich werde Offizier u. *bleibe* in der Front und helfe Euch –, *Euch*, die ihr gezwungen werdet, für ein Nichts zu töten, zu sterben, helfe Euch – nicht gegen einen Zeitungslügen-»feind«, – (oh ihr stahlblauen Brüder, ihr kakibraunen, ihr schwarzen –!), – sondern gegen den Feind auf Eurer Brust: den Götzen. Ich kann kämpfen gegen ihn. Er muß hinab.

Freiheit –!

Ich war dann mit Franz Pfemfert verbunden (dem Schriftleiter und Herausgeber der »Aktion«, des einzigen Blattes, das konsequent gegen Krieg u. für die Revolution seit 1914 kämpfte), – veröffentlichte dort, – wußte von all seiner illegalen Arbeit, – hatte als einer der ersten die Spartakus-Briefe (1917) u. die Reden Adlers u. die Schweizer Revolutionsflugblätter, und viele Soldaten, mit denen ich darüber sprach in langen Nächten, – helfen, helfen – irgendwo in Pulverdampf u. Blutdurst wächst der ferne Stern der Brüderlichkeit. –

Offensive –.

Kaiserschlacht. Blut. Blut. Cambrai. Gas. Blut. Kemmel. Blut. Blut. Gas. Peitsche. Granate. Schnaps. Lille. Hure. Saufen. Blut. Mord. Blut. Blut – –
Drei Schritte vor dem Wahnsinn – –
»Man stumpft ab« – viehischstes aller Kriegsschlagworte: ich stumpfte nicht ab, ich ward immer wilder, u. jeder Tote, den ich verkrampft u. blutig sah, *jeder*, war,

der erste Tote – – –

gräßlich grinsend in hilfloser Erstarrtheit –.
Und das Furchtbarste: allein, allein. Kein Mensch, der hülfe.
Kein Freund dabei: alle um mich her »stumpfen ab«. Machen mit. Nur ich nicht. Ich sinke tiefer u. tiefer in luftleeren hohlen Trichter der Einsamkeit. –
Buddha hilft. Dighanikaya u. Vedânta sind mir Trost. Aber auch sie durchfetzt der Schrei. –

Im Juli kam ich ins Nervenlazarett.
Zuckte, zappelte u. schrie nachts. –
Im August schrieb ich ein Legendendrama: ganz aus Pastellfarben u. gelöster silberner Musik. Dann weinte ich. So viele starben. Mein Bruder lag, schwer zerschossen, irgendwo in Belgien. (Heut ist er wieder gesund.)

Ich war lang allein im Wald. Erholungsurlaub –: jede Zeit versank. Ich wußte nur noch: der Baum, der Fluß, die Berge. Wann war das? – Ersatzbataillon. Stinkende Stadt. Hunger. Erregung. Spannung. Platzte die Bombe, – eine Nacht, Schrei, Erlösung:

Revolution!

Ich tat meine Achselstücke am 8. November ab u. stürmte mit Soldaten und Frauen das Militärgefängnis. Ich war im Soldatenrat u. ging hinaus, als schlaffe Bäuche u. Banditen die Mehrheit bekamen. Ich ging nach Frankfurt, Mannheim, Karlsruh, Hanau –, in der kommunistischen Partei, – verschenkte mein Geld, saß in Keller u. Volksküche, lebte mit Arbeitslosen und Lumpenproletariern, verhaftet, freigelassen, Volksversammlungen, stürmend, johlend – und Universitätssäle voll hoffnungslosester Gleichgültigkeit, – Haß u. Stumpfsinn, – oh Gott –, Ostern war ich in Mainz, ganz müde und zerschlagen. – Und jetzt: ein sehr stiller Sommer. Sammlung. Losgelöst von Politik, die mich zurückstößt, – tief in mich versenkt. – Arbeit. –
Seit dem Legendenstück hatte ich mehrere Dramen geschrieben, – eins in den ersten Revolutionstagen: Prometheus. Alles halbe Sachen. Diesen Sommer aber schrieb ich ein Stück, von dem ich glaube, es ist endlich, endlich ein Starkes, Stehendes. – Du wirst es lesen, sobald es abgeschrieben ist. –

Der Schmerz ist tief: dies Volk, das, – von *eigner Hand* geschändet, von Sklavenhaltern, Tyrannen, Lügnern, – dies tief kranke Volk, das nicht den Schnitt findet, den erlösenden, der seine Schwären öffnen könnte, auf daß die Wunden heilen –.

Erde, verworrenes Wüstenland, Du Paradies der Leiden – –
aber es wetterleuchtet in den Nebeln über allen Bergen. –
Ich bin Dein Freund. Carl

Mein lieber Kurt!

Ich habe Dir noch nicht geantwortet, nicht etwa, weil ich nicht wollte, sondern nur, weil ich äußerlich und innerlich so wenig Atem hatte, so wenig zur Ruhe kam. Auch heute nur ganz kurz. Denn es liegt nun eine Zeit vor mir, die mir viel Ruhe und viel Kraft geben wird, ich stehe vor einem Abschnitt, und lasse einen Weg des rastlosen Schweifens und Ringens zurück. In 8 Tagen heirate ich. Dann, nach den ersten Wochen, werde ich Dir lang und ausführlich schreiben. –

Deinen Brief betreffend: über das Politische zu korrespondieren halte ich für zwecklos. Mündliche Aussprache würde da Vieles klären zwischen uns. Ich halte nach wie vor *Deine* Auffassung der Kaiser-Treue, der Verrat-Idee u. s. w. für eine Träumerei, – und – so sehr auch unsere *Träume,* Bildwerdungen unseres Tiefsten, groß und richtunggebend über uns stehen wollen: hier, wo es sich um Erdhaftes, um Erdgestaltendes, um Politik (im höchsten Sinn: öffentliche Sache) handelt, müssen wir *die Erde* sehen, klar, nackt, unverschleiert, – müssen ihre Pracht wie ihre Grelle und Schmerzlichkeit tragen, und ganz zu ihr herab, in sie hinein: wenn wir sie durchseelen wollen.

Aber Deine letzten Sätze wieder zeigen mir, was ich wußte: daß unsre seelische Grundeinstellung zum Menschen und zum Kosmos die gleiche ist, und – zumal wir beide jetzt fern sind aktiver Politik, mag alles andre – Unwesentliche – schweigen.
Ich habe ungeheuer viel zu tun eben: will – nun erst anfangend, denn bisher nahm ich an der Universität nur, was mir innerlich wichtig schien – nun auf Examen studieren, in einem Jahr den Dr. phil. machen. Schreibe allerhand, da ich etwas verdienen muß. Schreibe (Hauptberuf!): Dramen. Arbeite daran, unaufhörlich, brennend. Sehe darin *meine* Möglichkeit und meinen Zweck. War im November–Dezember in Berlin. Sollte uraufgeführt werden (Reinhardt), bei Reiß und K. Wolff gedruckt werden: habe alles zurückgezogen, bis nächstes Jahr: ausreifen, ausglühen, durchformen. Unsre Zeit ist seelisch so zuchtlos. Jeder schmiert und wirft sich hinaus. Ich will das nicht. *Werden.* Um schenken zu können,

geben, sich-verströmen, ungestaut. – – Dazu gehört Seelenmitte in sich selbst. Einmündung: offenes Tor. Ich sehe jetzt eine Mündung vor mir, und ein unermeßliches, unerforschtes, grünes und singendes Meer – – Wohin – –? Glauben – Glauben – Und Handeln –. Ich bin sehr glücklich eben und möchte Dir viel, viel davon geben.

Ich bleibe hier in Heidelberg, hatte eine reizende Wohnung am Fluß, muß sie leider im März verlassen, finde aber jedenfalls eine am Berg. Die Universität läßt zu wünschen übrig (alle tun das wohl, – hier ist immerhin *Gundolf*, einer der bedeutendsten Menschen des heutigen Deutschlands), – aber die Gegend ist köstlich. Wenn Du uns im Sommer mal besuchen könntest!!
Vielleicht kannst Du geschäftlich mal nach Süddeutschland?
Ich weiß, wie viel Schweres daran ist: erwachsener Sohn im Elternhaus wohnend. Zwei Generationen, zusammengepreßt. Es ist da überall Schnitt und Kluft dazwischen, überall – auch bei bestem Willen – viel Bitteres.

Hoffentlich kannst Du gelegentlich doch weg von dort, auch äußerlich in ein eigenes Leben. –
Meine Adresse bis März:
Ziegelhäuserlandstr. 23
Heidelberg
Die neue schreibe ich Dir dann.
Leb wohl, schreib mir wieder, und nimm alle guten Wünsche und allerherzlichste Grüße von Deinem Carl Z.

28. 1. 20

Mein lieber Kurt, – ich habe mich von Herzen gefreut, endlich wieder von Dir einen Brief zu bekommen, – ich freue mich auch über seinen Inhalt, denn er ist Dein Bild, – das Bild eines lauteren, ringenden Menschen. Gewiß, unsere Wege sind auseinandergegangen. Wir haben uns getrennt. Wir treiben – von außen gesehen – um andere Pole. Durchstoßen wir die Oberfläche, tun wir das Zeitgebundne von uns ab, entheben wir uns des Augenblicksbegriffes –, nehmen wir nur den Kern, den Inhalt, das tierbenannte Wesen, – die Seele –, ich glaube, dann sind wir nicht mehr so weit voneinander fort, dann sehen wir das Trennende, das uns jetzt wie eine klaffende Welt erschien, als den Nebel, – eine Wolke, tief hängend vor Morgen –, weggebrannt durch die erste Sonnenstunde. Glaub mir: ich verstehe Dich vollauf. Du bist – aus Überzeugung, – aus Gläubigkeit, – aus – Sehnsucht Monarchist. Du liebst einen Kaiser, der aus Deinem Herzen Kaiser ist, aus Deiner Seele Fürst, aus Deiner Lauterkeit Krone trägt, – Du hast Leid um ein zerstörtes Bild, um ein zerbrochenes Ideal –, weil Du noch nicht weißt – (verzeih, daß ich, der Jüngere, so sprechen muß – es soll keine Überhebung sein) – daß die Ideale, die zerbrechen, bereits ohne unser Wissen gesprungen oder brüchig waren, *das* Ideal, das reine, emporziehende – unzerbrechlich ist. Ich freue mich, daß Du mir schreibst: ich bin Monarchist. Ich freue mich, daß Du nicht, wie die Vielen, die Mitlaufenden, die Trägen, die Abgestempelten, – »abgestumpft« worden, – daß Du nicht irgendwie dem flachen, zweckhaften, verlogenen Gedanken der »Demokratie« wie sie heute ist, – wie sie heute vom Bequemen und Charakterlosen gefordert wird, – (nicht wie sie als Ziel über uns steht), – verfallen bist. Es ist gut, daß Du – von *außen* gesehen – auf der Seite meiner schärfsten Gegnerschaft, auf dem mir äußerst entgegengesetzten Flügel stehst, denn dort ist die Berührung nahe. – Warum wollten wir jungen, ahnungslosen und nur nach großem Aufschwung uns sehnenden Menschen damals unsre Leben geben für Vaterland, Kaiser, Deutschtum, – warum schien uns der Gipfelpunkt unseres über den Tag hinaus aufs Größte, auf Erhebung ins Unendliche, auf Hinschwung zu Gott gestellten Willens zu sein? Weil wir aus einer Zeit kamen, in der alles schal geworden war, ohne Inhalt u. ohne Antrieb, als den der Gier, der Ichsucht, – weil wir in dem Fieberrausch der ersten Kriegszeit, in dem Brausen, das apokalyptisch über der Erde stand und den Jammer der armen kleinen Menschen überschrie, den großen Aufschwung zu sehen glaubten, – hofften, – weil wir, mitten in einer Zeit der gräßlichsten, unheiligsten, dunkelsten *Vereinzelung* des Menschen, glaubten: jetzt erwacht *das Gemeinsame,* – jetzt stehen *alle* – nicht mehr um ihre Einzelvorteile – sondern: *um die Idee,* – jetzt kommt der Mensch, der kleine, verlorene Mensch, über sich selbst hinaus ins *Volk.* Und wir bauten uns ein Ideal – Verkörperung – Ziel – Vorbild –: Kaiser. Herrscher.

Führender. Fürst. – Ich glaube heute nicht, *ich weiß* heute, wie es darum stand. Wie dies sich willig hingebende Volk, wie unser junges, reines, nur aufs Gute gestelltes Wollen vom Bösen, Gemeinen, Hinterhältigen mißbraucht wurde. Ich weiß heute, daß dieser Kaiser – (*der* vielleicht noch der unschuldigste, obwohl Verblendung solcher Art auch Schuld ist, –) daß diese Diplomaten, diese Generäle, diese Minister, diese Abgeordneten, diese kaltschnäuzigen Berichterstatter und Leitartikler, die an unserer Qual verdienten, daß alle diese die Ausgeburten, die Symptome einer den Menschen und *das Menschliche* verachtenden materialistischen Zeit waren, daß dieser Krieg mit Frivolität und Gemeinheit *gemacht* wurde, daß bei unsren Kriegsbereitern sogar noch *mehr,* noch *intensivere* Schuld war, als bei denen auf der Gegenseite. Und daß es heute für uns, die wir wollen, daß Ideal nicht nur für wenige Schwärmer im Himmel hänge, sondern brennend und groß auf die Welt sich senke, *um sie zu formen* aus seiner Glut, – daß es heute für uns nicht mehr angeht, ein Ideal zu haben zur Befriedigung unserer Träume, unserer Romantik, unserer anerzogenen oder ererbten Weltauffassung, – sondern daß es nur noch eines gibt: die Menschen zu lieben. Die Menschen, die – auch wenn sie Böses tun – im tiefsten Grund ihres Wesens zum Guten hinstreben, – die Menschen, die nur deshalb nicht gut sein können, weil sie geknechtet sind durch Realität, durch die Dumpfheit der Verhältnisse. Die befreit werden müssen durch die Kraft der Idee. Glaub mir, der Hauptmann Beerfelde, – *(bitte, lies seine Schrift!)* – oder Ernst Toller oder die unsterblichen Landauer, Luxemburg, Eisner –, das sind Menschen, deren Handlungen kamen aus demselben *reinen Willen,* den Du mir doch glaubst, – und die trotz aller scheinbaren Mißerfolge, trotz der – noch aus dem Krieg kommenden – Verworrenheit dieses Augenblicks, – der Welt mehr gedient haben und ihrer Höherentwicklung, als alle Erfinder und Denker. Ich bin heute nicht mehr Bolschewist im Sinne Lenins, weil ich dort die Gefahr der neuen »Materialisierung« sehe, – aber in Gesinnung radikal und immer mehr gefestigt und geklärt in diesen Ideen.
Bald mehr davon! Ich muß schließen. Suche mich zu verstehen, – wir sind nicht so fern voneinander –, und bleib mein Freund!

Dein Carl

Lieber Freund,

warum höre ich nichts von Ihnen? Ich mache mir oft sorgenvolle Gedanken um Ihr Wohlergehen.

Oder wollen Sie mir aus einem andren Grunde nicht mehr schreiben? Wer weiß, wie sehr verschiedene Wege wir in diesen Jahren genommen haben. Schließlich ist unser Ziel doch das gleiche.

Ach, die ärmlichen Briefe können so wenig sagen – – – –

Haben wir im Jahr 1918 eine Revolution erlebt? Was ich davon sah, war ein Zusammenbruch, der nur vorübergehend revolutionäre Züge trug und dessen Nachwehen fünf Jahre dauerten – bis zum Ende des Jahres 1923.

Es gab keine ›Novemberverbrecher‹. Es gab keine allgemeine, große Volkserhebung, auch keinen organisierten Aufstand. Es gab keinen Sieg einer Revolutionspartei.

Der Sturz des Kaiserreichs traf das deutsche Volk, trotz der vorausgegangenen Blut- und Notjahre, ebenso unvorbereitet wie der Kriegsausbruch.

Das Volk war müde, erschöpft, enttäuscht und in seiner Mehrheit keineswegs revolutionär gestimmt. ›Friede und Brot‹ stand auf den Schildern, die bei Demonstrationszügen vorangetragen wurden; es stand auch das Wort ›Freiheit‹ darauf, unter dem sich aber jeder etwas anderes vorstellte und das für die Mehrheit ebensogut durch das Wort ›Ruhe‹ hätte ersetzt werden können.

Für mich jedoch, und die paar gleichgesinnten jungen Menschen, blieb im Gedächtnis an diese Jahre eine Leuchtspur zurück, die für das ganze Leben richtungsweisend wurde. Wir, die dem Kriegstod Entkommenen, hatten das Leben, als Realität, als vorwärtstragender Strom, als Hoffnung, jetzt erst gewonnen, und wir warfen den Ballast der Vergangenheit hinter uns: Weg damit! Es kommt die neue Zeit!

Die Zeit, so glaubten wir, wirkte für uns und war auf unserer Seite – auch wenn ein Großteil der Zeitgenossen sich ihr entgegenstemmte. Die Zukunft, so dachten wir, würde uns gehören, und den Lebendigen, Erwachten in der ganzen Welt. Jetzt und hier erwuchsen die großen Freundschaften, die nicht nur auf Camaraderie, wie sie sich zwischen jungen Leuten immer ergibt, sondern auf gemeinsamen

Überzeugungen gegründet waren und die sich, auch über Trennung und Tod hinweg, nie mehr verloren.

Die beiden einschneidenden Erlebnisse in diesem trüben Frankfurter Revolutionswinter waren für mich: die Begegnung mit Carlo Mierendorff und das Theater.

Das ›Frankfurter Schauspielhaus‹ war damals, fast mehr als die Berliner Bühnen, die Hochburg des expressionistischen Theaters, in einer gesinnungshaft-pathetischen Stilisierung, die dort gewachsen war.

Mein persönliches Verhältnis zum Theater war das eines enthusiastischen oder jugendlich-kritischen Galeriebesuchers. Ich hatte, außer Ludwig Berger, der jetzt schon in Berlin inszenierte, nie einen Regisseur oder Schauspieler kennengelernt – sie waren für mich noch eine Art von Halbgöttern, die auf einem, vorläufig unerreichbaren, Parnaß ihr tolles, abenteuerliches Leben führten und in einer sagenhaften Welt von entfesseltem Geist und künstlerischer Trunkenheit agierten.

War dies auch eine kindliche und kindische Vorstellung, so stimmte sie doch im Wesensgrund, und mit der Keckheit und dem Hochmut der jungen Jahre zweifelte ich nicht daran, diese Welt zu erobern und dereinst zu besitzen.

Statt die unsagbar langweiligen Kollegs über römisches Recht und klassische Volkswirtschaft zu besuchen – mein Vater hatte zunächst auf diesem Studienzweig bestanden, als Grundlage für alle späteren Möglichkeiten –, arbeitete ich in meiner kleinen, schlechtgeheizten Bude in Sachsenhausen an dramatischen Versuchen, denen eine ebenso unbescheidene wie unausführbare Stoffwahl zugrunde lag: ich wollte ein ›Neues Welt-Theater‹ schreiben, einen Tragödien- und Komödienzyklus, der mit Prometheus begann und mit Lenin endete. Ich tobte und schrie, besonders wenn ein Freund mich besuchte, dem ich vorlas, in dem engen Zimmerchen herum, daß meine Wirtsleute ernstlich um meine geistige Gesundheit besorgt waren.

Noch war ich Mitarbeiter der ›Aktion‹, deren Herausgeber Franz Pfemfert sich nach dem Krieg in einen immer maßloseren Radikalismus hineingesteigert hatte und jetzt schon einige Meilen links von den Sowjetkommunisten hielt. Radikale Zeitschriften schossen damals wie Pilze aus dem Boden – sie hießen ›Der Anbruch‹, ›Der Anfang‹, ›Die Entscheidung‹, ›Die Erhebung‹, ›Das Fanal‹, ›Die

Wende‹, ›Der Aufschrei‹, ›Die Neue Welt‹, ›Das Neue Wort‹, ›Das Neue Leben‹, ›Der Junge Mensch‹, oder so ähnlich, und glichen einander in Aufmachung, Inhalt, Mitarbeiterkreis zum Verwechseln. Führende Bedeutung hatten nach wie vor nur René Schickeles ›Weiße Blätter‹, Herwarth Waldens ›Sturm‹, Wieland Herzfeldes ›Malik‹ (später von George Grosz in ›Jedermann sein eigner Fußball‹ umgetauft) und Pfemferts ›Aktion‹. Plötzlich aber erschien im nahen Darmstadt, unserer hessischen Residenz, ein Blatt, das eigenes Gesicht und eigenen Tonfall hatte, auch wirklich von jungen, sehr jungen Menschen hergestellt, herausgegeben, redigiert war statt von mittelalten und halb-illustren Literaten. Es hieß: ›Das Tribunal‹, und es hatte eine bemerkenswerte Vorgeschichte.

Einige Jahre vor dem Krieg bereits hatte sich in Darmstadt ein Kreis von Schülern zusammengefunden, der leidenschaftlich die neue Kunst und die Aspekte einer neuen Literatur diskutierte und sich mit dem Gedanken einer Schülerzeitschrift trug. Dann, mitten im Krieg, 1915, wurde von Sekundanern des Jahrgangs 1900, die noch von der Einziehung verschont waren, der Plan verwirklicht.

Der Motor dieser Unternehmung war ein damals Fünfzehnjähriger namens Joseph Würth, ein genialer Bastler, ein – schon in seiner Jugend – fanatischer Bibliophile, selbst nicht produktiv, aber ein enthusiastischer Liebhaber der Künste, dabei ein kühl und scharf denkender, kritischer Kopf, mit feurigem Herzen, klarem Verstand und unbedenklicher Tatkraft, mit einem Wort: der geborene Verleger. Da die erste Versammlung von gleichaltrigen und gleichgesinnten Freunden, bei der das kühne Unternehmen beschlossen wurde, auf dem Dachboden von ›Pepi‹ Würths Elternhaus stattfand, erhielt es den Namen ›Die Dachstube‹. Die älteren Freunde, Carlo Mierendorff, Theodor Haubach, Hans Schiebelhuth, um hier nur die bedeutendsten zu nennen, schickten aus dem Feld oder dem Lazarett ihre Beiträge – aber auch Kasimir Edschmid, schon berühmt als Erzähler und Wortführer des Expressionismus, Fritz Usinger und andere halfen durch Mitarbeit und Beratung dem jungen Dachstuben-Verlag zu einem weit über den lokalen Anlaß hinauswirkenden Renommee.

Im November 1918 erschien das folgende Flugblatt, das ich im Original besitze:

Leser der Dachstube

Die Dachstube ist zu Ende. Sie hat gesammelt, gesichtet, geschult. Das ist erfüllt. Jetzt gilt es mehr, gilt den Umriß der neuen Welt aufzeichnen, für ihn kämpfen; Schweigen ist Verrat. Ein neues Publikum marschiert herauf. Größere Ziele gebietet uns die Zeit. Wir errichten

Das Tribunal

Wir stehen zu dem Neuen gegen das Verrottete. Sie wissen es aus jedem Reim, jeder Periode. Gestützt auf Kurt Hiller, Kasimir Edschmid, Wilh. Michel, Theodor Däubler, Alfred Wolfenstein, Paul Zech, Josef Eberz, R. Grossmann arbeiten junge Intelligenzen. Werden *Sie* Leser.

›Das Tribunal‹, herausgegeben von Mierendorff, erscheint monatlich für 50 Pf., Jahresabonnement 6 Mark, durch Die Dachstube, Verlag Darmstadt, Hoffmannstraße 19.

Zu Anfang des Jahres 1919 bekam ich eine kurze Zuschrift von Carlo Mierendorff, über die Adresse des ›Revolutionären Studentenrates‹ der Universität Frankfurt, dem ich angehörte.

Er habe Arbeiten von mir in der ›Aktion‹ gelesen und erfahren, daß ich in Frankfurt studiere wie er selbst. Das ›Tribunal‹ brauche Mitarbeiter, auch für die gemeinschaftliche Redaktion. Ich möchte ihm Nachricht geben, ob ich an einem Zusammentreffen mit ihm interessiert sei.

Merkwürdigerweise verabredeten wir unser erstes Zusammentreffen nicht auf einer unserer Buden oder in irgendeinem Café – weshalb, ist mir heute unerklärlich –, sondern bei einer Massenversammlung in dem riesigen Frankfurter ›Saalbau‹, in dem es selbst für Zwillingsbrüder schwer gewesen wäre, sich zu finden, also fast unmöglich für Leute, die sich noch nie gesehen hatten. Wir machten aus, daß wir uns vor Beginn an einem bestimmten Eingang treffen wollten, als Kennzeichen sollte Carlo eine Nummer des ›Tribunal‹, ich die letzte Ausgabe der ›Aktion‹ in der Hand tragen, und sie uns wie Reklameschilder vor die Brust halten.

Es war eines der erregtesten, wildesten Meetings, die Frankfurt in diesem Jahr gesehen hat. Der damals noch kommunistische (später sozialdemokratische) Abgeordnete Paul Levi aus Berlin sprach über die Ermordung Liebknechts und Rosa Luxemburgs, die nur wenige Tage zurücklag, und gegen die Einberufung einer deutschen Nationalversammlung. Unter Tausenden einströmender Besucher, die einander stießen, drängten und von Ordnern vorwärtsgeschoben wurden, im Dampf der nassen Wintermäntel und im trüben Schein der Eingangslampen haben wir uns tatsächlich gefunden; und wir liebten es, in unserer Lust an anekdotischer Ausschweifung, später zu erzählen, daß wir beide die als Erkennungstafeln gedachten Zeitschriften zu Hause vergessen und uns auch so, nur ›am Geruch der Persönlichkeit‹ erkannt hätten. Obwohl es gelogen war, stimmte das im Grund. Wir rochen einander wie Hunde oder Wölfe aus dem gleichen Wurf.

Jetzt, das wußte ich nach einem Blick, hatte ich den Mann gefunden, den ich brauchte.

Die Versammlung ging unter Krach und Gebrüll zu Ende, die Polizei kehrte den Saal aus, die Massen verliefen sich – wir blieben zusammen, blieben die ganze Nacht zusammen, unter brennenden Debatten und Gesprächen. Es regnete, es war naßkalt und neblig, unsere Zimmer waren ungeheizt, alle Kneipen waren geschlossen, wir brachen unsere letzte, knastrige Zigarette in der Mitte durch und begleiteten uns immer wieder gegenseitig nach Hause, stundenlang, über die Untermainbrücke und den Eisernen Steg hin und her von einem Stadtteil in den anderen, da es immer wieder etwas zu sagen und zu entgegnen gab, da wir miteinander einfach nicht fertig werden konnten. Und aus dieser Nacht wuchsen viele andere, unzählige, in denen wir uns immer wieder nach Haus begleiteten, und das immer gleich bewegte, niemals erlahmende Gespräch kreiste um die gleichen Dinge: die Hauptstücke unseres Lebens.

Und wir stellten gleich fest, daß wir beide bei der Feldartillerie gedient hatten, zeitweilig sogar beim selben Regiment.

Wir waren vom Krieg geprägt und gezeichnet, aber wir fühlten uns vom Krieg nicht zerstört. Wir hatten ihn überlebt und überwunden, wir hatten unsere heile Haut heimgebracht, jetzt wollten wir vorwärts, in ein anderes Stadion, wo es galt, neue, kühnere Kämpfe zu wagen. Wir blickten auf die Kriegszeit zurück, ohne verklärende Romantik, aber auch ohne Selbstbemitleidung, Bitterkeit oder Klage.

Ich wurde Mitarbeiter, auch im Redaktionsstab des ›Tribunal‹. Was ich darin publiziert habe, nur selten unter meinem Namen, gewöhnlich, wie die meisten von uns, unter irgend einem kollektiven Pseudonym, besitze und weiß ich nicht mehr.

Jedoch hatte dieser radikal denkende, in seinen Anschauungen originelle und unabhängige Carlo Mierendorff einen mäßigenden Einfluß auf meine eigene, noch allzusehr in Illusionen befangene Radikalität.

Wenn ich heute sein Bild anschaue, erkenne ich, daß er schön war. Carlos Kopf, mit der breiten klaren Stirn unter dem sehr dichten blonden Haar, mit seinen hellwachen Augen, in denen Temperament und Heiterkeit immer die verborgene, ahnungsvolle Trauer überspielten, mit seiner festen, doch keineswegs derben Meißelung von Jochbeinen, Nase und Kinn, war schön.

Wir hatten beschlossen, im Frühling gemeinsam mit Theo Haubach nach Heidelberg zu gehen. Wenn ich an dieses erste Jahr in Heidelberg zurückdenke, erscheint es mir in einem immerwährenden Glanz von Frühlicht und Morgensonne, von Heiterkeit, Illumination, Beschwingtheit und geistiger Erregung.

Schon vorher war ich von Frankfurt aus gelegentlich mit Carlo nach Darmstadt gefahren, zu Redaktionsbesprechungen des ›Tribunal‹, und hatte seinen dortigen Kreis kennengelernt, vor allem Theodor Haubach, mit dem Carlo von der gemeinsamen Schulzeit bis zum Lebensende in untrennbarer Brüderschaft vereint blieb. Man nannte sie damals schon – und nennt sie heute noch in den verschiedenen Erinnerungen an die beiden – die ›Dioskuren‹; auch in den geheimen Planungen und Gesprächen der deutschen Widerstandskämpfer gegen Hitler und in den anderen, in der Ferne des Exils geführten, wurde der Name Mierendorff selten ohne den Namen Haubach genannt.

Auch er kam, wie Carlo, vom Literarischen und Künstlerischen her, aber für ihn waren Musik, mit der er sich gründlich befaßte, und Poesie nicht Quellen persönlicher Entladung oder Gefühlssteigerung, sondern Gegenstände ernster, prüfender Erforschung.

Wenn er sein Leben der Politik widmete, die ihn am Ende verschlang, so tat er das in schwerem Entschluß, in der Erkenntnis der Gefährdung eines neuen Deutschland, für das zu kämpfen er als seine Pflicht empfand.

Wie die einzelnen Begegnungen zustande kamen, ist mir kaum erinnerlich, man spürte einander auf, man erkannte sich ohne Vorstellung und Introduktion. Henry Goverts war einer der ersten, der zu uns stieß. Ein paar Jahre älter als wir, hatte er vor dem Krieg bereits Gedichte in Herwarth Waldens ›Sturm‹ publiziert und im Berliner Sturm-Kreis, bei Blümner, dessen spezielle Phonetik und Vortragskunst studiert. Durch seine hamburgisch-englische Abkunft und Erziehung brachte er in unsere leicht verwilderte, sich gerne unbürgerlich-anarchisch gebärdende Gesellschaft einen Hauch von Zivilisation, den Tonfall des Gentleman.

Dann, im Sommer, tauchte – die für mich liebenswerteste und beglückendste Epiphanie – der Darmstädter Dichter Hans Schiebelhuth unter uns auf, der schon früher, in München, ohne akademischen Abschluß studiert hatte und nur noch der Lyrik, der privaten Sprachforschung und dem vaganten Eros lebte. Ich kann sie nicht alle nennen, die mit uns im Bunde waren, doch denke ich in besonderer Bewunderung und Zuneigung an Emil Henk, unseren ›Henko‹. Ähnlich wie Goverts hat Emil Henk in den Zeiten der braunen Tyrannei, obwohl selbst von ihr heimgesucht und sogar mit ihren Zuchthäusern bekannt, den Freunden Carlo und Theo in ihren schwersten Jahren Hilfe und Zuflucht geboten, ohne an seine eigene Sicherheit zu denken.

Die meisten von uns hatten damals kein oder sehr wenig Geld, mußten mit ihrem knappen Wechsel von ihren kriegsverarmten Familien auskommen und sich auf die oder jene Weise nebenbei etwas verdienen. Mir ging es nicht anders.

Die Fabrik meines Vaters hatte sich nur schwer, der ›Industrie-Erfassung‹ folgend, auf die Anfertigung von Granatzündern umstellen lassen, jetzt lag sie, wie der Weinhandel, der Haupterwerbszweig unserer Heimat, darnieder und konnte sich erst allmählich erholen, und das angelegte Vermögen litt an der Schwindsucht durch die fortschreitende Geldentwertung, und mit der in bravem Patriotismus gezeichneten Kriegsanleihe konnte man die Wände tapezieren.

Wenn unser Kreis wirklich, wie ich vermute, ein magischer Zirkel war, so hatte er seinen Mittelpunkt und seine zentripetale Kraft in einem ebenso singulären wie sonderlichen, veritablen Magus, der uns allen an universalem Wissen, geistiger Frequenz und geformter Persönlichkeit um viele Spannen überlegen war: dem Doktor Wilhelm Fraenger, unvergänglichen Angedenkens.

Er war damals wohl um die dreißig, Direktor des kunsthistorischen Instituts, mit allen musischen Emanationen vertraut und befaßt, die das Weltbild der Epoche bezeichneten. Das Absonderliche, Seltsame, Geheimnisvolle in den Künsten und vor allem in Volkskunde und Folklore war sein eigenster Bezirk, sein bevorzugtes Forschungsgebiet, in dem er mit abundanten Kenntnissen, mit genialem Einfühlungs- und Ausdrucksvermögen schaffte und wirkte. Aber er war ebenso, im sokratischen Sinn, ein Lehrer und Bildner seiner jüngeren Freunde, nicht auf dem Weg des trockenen Unterrichts, sondern auf dem des lebendigen Dialogs, der sich auch häufig bei Gastmählern und Symposien oder bei gemeinsamen Spaziergängen, Ausflügen und künstlerischen Veranstaltungen ergab.

Ich hatte ihn schon früher aufgesucht und mich mit ihm angefreundet, für mich war er der stärkste Anziehungspunkt der von vielen Geistern behausten Stadt. Die Verbindung hatte meine Braut geschaffen – das war noch immer jene Jugendliebe aus Mainz. In den letzten Kriegsjahren hatte sie in Heidelberg Kunstgeschichte studiert und bei Fraenger ein Rembrandt-Seminar erlebt: sie wußte, was eine so schillernd-facettierende, jeden durchschnittlichen Maßstab sprengende Persönlichkeit für mich bedeuten werde.

Jetzt brachte ich meine Darmstädter Freunde zu ihm, der sie stürmisch begrüßte, denn ein Unternehmen wie das ›Tribunal‹ entsprach durchaus seinem Geschmack, seiner Freude an jugendlich-aggressivem Übermut und an künstlerischem Vorstoß. Ein Charakter wie Mierendorff, mit seinem unbändigen Temperament und seinem hohen Ehrgeiz, mußte ihn auf Anhieb gewinnen.

So kamen wir gerade recht, um der ›Gemeinschaft‹, wie Fraenger seine Gründung getauft hatte, eine feste und vitale Basis zu verschaffen. Wir wurden Publikum und Mitwirkende, Schüler und Assistenten seiner Veranstaltungen, die von Lichtbildervorträgen und Privatseminaren bis zu Dichterlesungen, Aufführungen alter und neuer Stücke, auch selbst verfaßter oder zusammengestellter Szenenfolgen, eine vielschichtige Skala umfaßten.

Diese Aufführungen fanden an Sommerabenden gewöhnlich im ›Wolfsbrunnen‹ statt, einem in Höhe des Schlosses auf der linken Neckarseite gelegenen alten Wirtshaus, an den Waldrand gelehnt, mit einem großen Gastgarten und einem geräumigen Saal. Fraenger hatte eine städtische Lizenz für öffentliche Veranstaltungen mit oder

ohne Musik erworben. Unsere Unkosten waren gering, da wir fast alles selber machten. Die Kostüme, falls nötig, liehen wir uns aus dem Fundus des Stadttheaters, Kulissen brauchten wir nicht, die Instrumente spielten wir selbst – ich damals noch Cello oder Gitarre, Fraenger die kleine Harfe, Laute und Englisch-Horn, und für Flöte und Oboe, Geige und Bratsche hatten wir ein paar junge Musiker.
Völlig gelungen, und unter den Heidelberger Kunstfreunden dieser Semester legendär, war – trotz wilder Improvisation – ein ›Bellman‹-Abend, zu dem ich, mit angedeuteten Dialogen, gemeinsam mit Fraenger eine lose Szenenfolge verfaßt hatte.
Carl Michael Bellman, der Anakreon des nordischen Rokoko, Dichter, Komponist, Musikant, Lieblingsautor König Gustafs des Dritten und früh verstorbenes Saufgenie, ist in Schweden heute noch jedem Menschen bekannt. Ich hatte ihn schon früher für mich entdeckt, und durch Fraenger, der seine ›Gesänge‹ und ›Episteln‹ meisterlich zur Laute vortrug, war er unserem Kreis vertraut und unentbehrlich geworden.
Die Dichter, die Fraenger zu Lesungen einlud, verzichteten, da es sich um ein Unternehmen junger Leute handelte, großzügig aufs Honorar, jedoch garantierte ihnen Fraenger aus den Eintrittsgeldern freie Kost und Übernachtung. Es kam Klabund, ein zartgliedriger Weltfreund, an einer damals noch unheilbaren Tuberkulose leidend.
Es kam der Dichter Hans Schiebelhuth, mit rundem Robbenkopf und runden, etwas vorgewölbten Augen voll unendlicher Güte, Weisheit, Menschlichkeit, mit gerundeten, vorgewölbten Lippen voller Sprachgewalt. Wir liebten uns auf den ersten Blick so sehr, daß er gleich auf einem strohgeflochtenen Strecksessel in meiner Dachstube übernachtete.
Im Gegensatz zu meinen Freunden, die von Anfang an auf ein bestimmtes Ziel hinarbeiteten, hatte ich nicht mehr das Sitzfleisch zum systematischen Studium – auch ein anderes Ziel. Ich wollte an Geistes- und Bildungsgut an mich reißen, was möglich war, ohne mich zu einer bestimmten Disziplin entschließen zu können. Ein einziges Seminar bei dem entscheidenden Literaturprofessor, einem Freiherrn von Waldberg, genügte, um mich die Literaturgeschichte wie die Mieselsucht scheuen und meiden zu lassen. »Das war Ihr Glück«, sagte mir Gundolf später, »sonst wären Sie nie ein Dichter geworden.«

Unser Gott aber war Oskar Kokoschka, und Fraenger sein eifernder Prophet. Mir scheint OK noch heute, über mehr als ein halbes Jahrhundert hinweg, unter vielen großartigen Künstlern dieser Zeit der großartigste zu sein. Else Lasker-Schüler hat über ihn das Wort geprägt: »Ein alter Meister, der später zur Welt gekommen ist«. Steht man heute vor seinen frühen, sehr frühen Portraits, denen von Karl Kraus, von Dr. Auguste Forel, von Egon Wellesz und vielen anderen (wer hat in unserer Zeit noch Hände gemalt wie er!), so begreift man diesen Ausspruch. Aber für uns war er mehr – noch mehr. Das Meisterhafte, dem nie etwas Akademisches innewohnte – das Meisterhafte kam bei ihm nicht über begangene Pfade daher, es brach aus einem Vulkan, dessen Feuerströme aus hephästischen Schmieden, aus apokalyptischen Tiefen gerufen waren – von der Vokation des höchsten Gesetzes: des Lebens. Dies bekundete sich für uns ebensosehr wie etwa in seinem Bachfugen-Zyklus – O Ewigkeit Du Donnerwort! – durch seine einzigartige Dichtung. Was uns an dieser Dichtung, an seinen dramatischen Würfen (denen in reiferem Alter eine ganz persönliche, unverwechselbare Prosa gefolgt ist) so ungeheuer erregte und fanatisierte, ist logisch nicht zu erklären, obwohl seine Dichtwerke immer auf einer logisch durchdachten Grundvorstellung beruhen. Doch war es wohl gerade der Zusammenfall von rationalen Kräften mit dem erspürten Mythos, die ebenso primitive wie unauslotbare Symbolik, auch das Kühne und Kolossalische seiner Vorwürfe und ihres knappen, eruptiven Ausdrucks, was uns zu einer Raserei des Partisanentums entflammte. Hier schien Analyse, der Einblick in menschliche Seelenrätsel, von einem schöpferischen Geist aus dem Chaos zur Form erhoben.
Fraenger wollte mich zeitweise zu einer kunstgeschichtlichen Dissertation anregen, bei dem alten Rembrandtforscher Carl Neumann, einem klugen und reizenden Gelehrten, über ›Rembrandt als Regisseur‹. Gewiß ein Thema, das für einen Theater-Adepten mancherlei Ausblicke eröffnete, aber auch hier fehlte mir die Geduld zur Systematik. Die Soziologie, der wesentliche Stoffkreis meiner Freunde, fesselte mich nur, als Ausdruck des Zeitgeistes, am Rande. Stark beeindruckt war ich von dem Naturphilosophen Hans Driesch, einem kleinen, breiten Mann mit dicknasigem Sokrates-Schädel, und bald sattelte ich überhaupt zu Zoologie, Biologie und Botanik um und saß eine Zeitlang übers Mikroskop gebeugt in den Anfangsseminaren. Fand aber auch da heraus, daß die Naturwissenschaften nicht

mein ›Beruf‹, nur ein Interessengebiet unter anderen für mich seien. »Lern sehen, lern lesen, lern schreiben«, sagte Schiebelhuth zu mir, »mehr brauchst du nicht.«
Und so habe ich's dann gehalten. Im zweiten Heidelberger Jahr rief mich die Annahme meines Dramas ›Kreuzweg‹ nach Berlin, und damit war das Studium für mich zu Ende.
Doch beteiligte ich mich in dieser ganzen Zeit aufs lebhafteste an den Kundgebungen, Auseinandersetzungen, Kämpfen meiner zur Politik entschlossenen Freunde. Solche Äußerungen hatten zunächst noch etwas von dem chiliastischen ›Menschheits‹-Glauben der ersten Nachkriegszeit. Aus Brüssel kam Paul Colin, der dort eine Zeitschrift ›Clarté‹ herausgab und eine internationale Gesellschaft dieses Namens gegründet hatte. Als er in der großen Aula über Völkerverständigung und Überwindung des Nationalismus sprach, wurde er von den ›völkischen‹ Studenten – sie waren damals schon in der Überzahl und vor allem in den Burschenschaften gruppiert – niedergezischt und in der Diskussion unter üblen Beschimpfungen angegriffen. Doch hatten diese Leute unserem kleinen Kreis keine Redner von einigem Format entgegenzusetzen. Wir meldeten uns alle nacheinander zum Wort und machten aus der gefährdeten Versammlung einen Triumph für den belgischen Friedenskämpfer.
Unsere Gegner kannten uns genau – und wir kannten sie. Wir waren lange genug im Feld gewesen, um zu wissen, wo bei Leuten das Ressentiment steckt, die zu spät an die Front gekommen waren, um noch Offizier zu werden oder eine höhere Auszeichnung zu erwerben. Oder die ihr Leben lang gerne weiter Reserve-Offizier gespielt hätten, mit den Allüren eines für uns nicht mehr realen Heldentums.
Wer uns jetzt als »vaterlandslose Gesellen« bezeichnen wollte, weil wir für eine neue, soziale und friedliche Welt eintraten, machte sich in den Augen vernünftiger Leute lächerlich.
Was die Politik anlangt, so hatten wir keinen Anlaß zum Optimismus. Die neue Zeit, auf die wir bauten, die deutsche Demokratie hatte mit Enttäuschungen und Rückschlägen begonnen.
Wir machten uns darüber nichts vor. Wir waren uns über die rückläufige Entwicklung, mit der die Weimarer Republik begann, im klaren.

›Als wär's ein Stück von mir‹: aus dem Kapitel »1918-1920«.

Prometheus

Dramatisches Gedicht in drei Szenen

Personen:

PROMETHEUS

MENSCHEN

Flache Erde. Dunkelheit. Gestalten kauern bei einander: ein Mensch mit Frau, Sohn und Tochter.

DER MANN
Rückt dicht zusammen, diese Nacht ist kalt.
DER SOHN
Die Nacht ist immer kalt, und immer lastet die Dunkelheit auf unsrer Stirne, die nach Sonne krankt.
DIE FRAU
Wo ist die Sonne? Mir ist, ich sah sie nie.
DER MANN
Du sahst sie nie? So wies ich Dir sie nicht?
DIE FRAU
Ich weiß es nicht. Dann hab ich es vergessen ...
DER Mann
Wie konntest Du vergessen, was Dein Ursprung ist?
DER SOHN
Wie nicht vergessen, was Du nie erkannt?
DER MANN
Schweig! Zweifelst Du daran? So zweifle auch
an Deinem Leib, an Augen, Hirn und Händen,
an Deinem Selbst, das wir aus Sonne schufen – –!
DER SOHN
Du lügst! Wenn Du die Sonne sahst, was hieltest Du sie nicht?
Wenn Du vermochtest, aus dem Licht zu schaffen,
was rangst Du Dich nicht selber hoch, was bautest
Du abendwärts, was schlugst Du Steine aus dem Schoß
der Erde, ohne sie zu formen, balltest nicht
die Chöre Deiner Inbrunst über Dich hinaus?

Der Mann

Du lästerst, weil Du Deine, unsre Ohnmacht fühlst!
Ich tat, was ich vermochte, wie es uns bestimmt,
ich nahm das Maß, das unsre Grenzen fassen
an Sonne und an Schatten – –

Der Sohn

Sprich nicht von Sonne, Du!
Magst Du Dich selbst belügen, – ich will klaren Blick!
Ich sehe, was mich engt und fühle, was mich bindet,
und ahne, was ich wüßte, wär' ich frei geboren!
Duckt Euch ins Joch! Freßt Staub! Verstopft die Ohren
und sagt »ich fliege«, wenn Ihr Euch am Boden windet!
Ich will hinauf, – doch um ein Ziel zu setzen,
muß ich erkennen wo ich stehe, ohne Schein und Trug, –
muß, wenn ich hoch will, wissen, daß ich unten bin,
tief, tief unten bin – –

Die Tochter

– – doch daß ich nicht die Tiefe bin, daß meine Seele
aus einer Ferne stammt, die einst uns angehörte – –
Ihr wollt und wirkt, bohrt Löcher in die Erde,
ermüdet, findet nichts, verzichtet – oh, ich weiß die Sehnsucht,
die in Euch allen lebt, Ihr blinden Hastigen –

Der Mann

So dankt Ihr mir, daß Ihr mich schmäht und höhnt,
daß Euer Los Ihr leugnet, statt es zu erfüllen – –
Wer über seine Grenzen greift, zerbricht an Gott!

Der Sohn

Grenzen! und Los, und Schicksal, und gerechte Fügung!
Warum ward uns denn Nacht und Frost zur Grenze,
und denen auf dem Berge Licht und Tag?
Was dürfen die da droben frei in Sonne atmen
und wir ersticken bald in unsrem eignen Dunst?
Für Jeden droht die Grenze, wo er selbst sie setzt!
Die auf dem Berg sind Fleisch und Blut wie wir!!

Der Mann

Die auf dem Berg, – – die Frevler, deren Hochmut
zum Himmel schreit, sie werden furchtbar stürzen!

Der Sohn
Du schiltst sie Frevler, weil Du selbst zu schwach,
sie zu bestürmen und sie zu verdrängen --

Der Mann
Ho! Kämpft ich nicht oft mit ihnen, riß ich nicht
hinunter in die Tiefe, wen ich fassen konnte --

Die Frau
Viele hast Du getötet, – und dennoch höhnen sie unser,
weil ohne Sonne wir und Wärme sind --

Der Mann
Sonne umleuchtete uns, Wärme entströmte uns, –
denk doch --

Die Frau
Wer weiß es. Ich friere.

Die Tochter
Einer wird allen Licht und Wärme bringen --

Der Sohn
Mögt Ihr auf diesen warten, mögt Ihr hoffen,
bis Euch die faule Hoffnungsleiche Atem raubt!
Ich weiß, daß oben hell ist, – wo die andren wohnen,
und daß hier unten nichts als Öde, Kälte, Nacht,
viel Haß, viel Hunger, viel verhaltner Jammer,
Not ohne Ende, Sehnsucht ohne Anfang --
So quält Ihr Euch herum. Ich kenne Euch nicht mehr --

Die Frau
Wo bist Du? Sohn? Warum seh' ich Dich nicht?

Der Sohn
Ich bin, wie Du, im Dunkel, – doch ich will hinaus! –

Der Mann
Überall folgt Dunkel –

Die Frau
-- nur kalt, -- nur dunkel --

Prometheus tritt auf

Prometheus
Nun bin ich da, wohin es heiß mich trieb.
Wie mir ihr Atem dumpf entgegenschlägt!

Und wie sie zitternd aneinanderdrängen – –
Es mag wohl kalt sein, daß sie frieren müssen –.
Ich aber bin die Glut, in meinen Adern
mischt Feuer sich mit Blut von meinem Herzen
und meine Hände sind von Kraft gezeichnet.
Um meine Füße breitet sich das Licht der Augen,
auf daß mein Schreiten stark und sicher sei
durch Tag und Dunkel ohne Unterschied. – So geht
die Tat, die reif ist, auf Erfüllung aus.
Ihr Menschen, erste Menschen, die ich sehe, –
Ihr Wesen, die Ihr Glück von meinem Glück
und Not von meiner Not und Wunsch von meinem Wunsche
in Eurer Seele Knospen tragt: seid mir gegrüßt!
Blickt auf zu mir, – und laßt in Eure Mitte
mich treten, nehmt von meiner Liebe,
die Euch entgegenströmt, soviel die schmalen Krüge
der Herzen fassen können, bis sie überschäumend
Euch ganz umschlingt und brausend treiben läßt
ins Weltmeer der unendlichen Gefühle – Seht mich an, –
ich komm vom höchsten Thron und bring Euch große Hilfe –.

DER MANN
Tritt näher. Nicht erkenn' ich Dein Gesicht.
Doch Deine Stimme, glaub ich, hört' ich schon.

DER SOHN *springt auf, ergreift eine Waffe*
Ist's nicht vom Berge Einer? Einer nicht von oben?

DER MANN
Ich weiß es nicht, – doch naht er uns als Gast –

DER SOHN
Gast oder Nicht-Gast, – wenn er selbst im Schutze
der Götter wäre, – wer von oben ist, ist Feind – –

DIE FRAU
Schützt uns! Nehmt Eure Waffen, daß er nicht mit List
uns überwältige – –

PROMETHEUS
Ihr armen Menschen – –!
So seid von Not, Gewalt und Hunger Ihr geblendet,
daß Ihr die Liebe nicht erkennt, wenn sie sich bietet!
So krampft Ihr Euch, nur Feinde, nur Haß gewohnt,

in Euer Selbst zusammen, schließt die Tore, krallt zur Wehr
die mordgezwungne Faust, statt Hand und Herz zu öffnen,
wenn Euch des Bruders Stimme liebende Botschaft bringt!
Ja, ich tat recht, Euch Trotz zu bieten, kalte Gottgespenster,
die Ihr die Kraft besitzt, Vollendetes zu schaffen, ohne sie
zu nutzen, – die Ihr Wesen formtet, halbe, flügellose,
zerspaltene, zerrißne zwischen Tag und Nacht, hilflose Sklaven
der Götterherrschsucht, Zwitterwesen, aller Keime trächtig,
die zur Entfaltung drängen, Erde zu durchlichten,
und aller Laster Beute, die den klaren Sinn
der Schöpfung trüben – Menschen – – Menschen – – Ihr – –

DIE TOCHTER

Fühlt Ihr nicht, wie es tagt, wie sich der Nebel teilt,
wie sich die Luft von Wärme kräuselt – – oh – meine junge Brust!

DER MANN

Fremdling, was willst Du von uns?

DIE FRAU

Gut tönt sein Wort, doch ich fasse den Sinn nicht – –

PROMETHEUS

Menschen – – Menschen – – Ihr – –!!
Noch hielt ich Eure Hände nicht in meinen Händen,
und schon ist Euer Leib mir wunderbar verwandt,
der weiß in schlanker Nacktheit tiefere Kraft
als Götterfülle und selige Schlaffheit deutet –
Menschen: Mann aus Erde, Weib aus Erde, Erde Ihr,
bestimmt, dem Geist Euch zu vermählen, der die Erde schuf,
dem Sterne, Stürme, Götter untertan,
bestimmt, am großen Hochzeitstag der Schöpferkräfte
die heilige Frucht zu sein, die nur Erfüllung duftet,
die ruhig in Reife leuchtet über Schmerz und Lust – –
Euch breit' ich meine Arme, Euch, den Staubmüden,
die Ihr der Erde flucht, die Ihr Euch selber flucht,
Euch will ich bringen, was Euch zum Sein entzündet,
für Euch entfloh ich dem lustblinden Kreis der ewig Leichten
und Eurer Schwere leihe ich den Schwung, sich zu erheben – –

DIE TOCHTER

Du bist, von dem ich träumte – – ach, er hört mich nicht,
helft mir, ihn zu umfassen! Helft mir doch!

Der Sohn

Wer – bist – Du? Tritt heran! Was ist es, was
Du uns geben kannst, um uns zum Sieg zu helfen?

Prometheus

Ich bin Dein Herz, Du Mensch, – Dir fremd, und doch so nah,
so eng verwandt – bin Deine Kraft, Dein Wille,
Dein Ziel, Dein Heimatland: denn alles birgt Dein Herz.
Ich bringe Dir Dein Eigentum, Dein erstes Recht,
Dein höchstes Gut, Dein Hoffen, Deinen Ursprung.
Ich schenke Dir, was frevle Herrscher, neidische Tyrannen
Dir vorenthielten, wissend, daß die Welt
das Recht des Menschen ist, und sein Besitz, sobald
er sich erkennt –, und wissend, daß die Blüte
verwelken muß, wenn ihr die Frucht entschwillt .....
Du bist in Not, in Zwang, in Dunkelheit verbannt:
auf denn, – ich wecke Dich zur Frucht, zur höheren Vollendung
der Blüte, die Du träumtest, – meine Gabe wird
sie Dir erschließen – – Öffne mir die Brust – –!!

Der Sohn

Willkommen, Freund, nun hab' ich Dich verstanden:
Du bist erschienen, uns im Kampf zu helfen,
den gegen die wir führen, die auf Bergen wohnen – –
Heil Dir, – unser Geschlecht
wird Dir Altäre bauen, wenn Du unsre Hand stählst,
den Gegner zu vernichten, aufzusteigen
und zu beherrschen, – sei mir gegrüßt, Waffengenoss!

Prometheus

Was willst Du? – Sprech' ich eine andre Sprache,
als die, die Eurem Sinn verständlich ist, daß Du
mir dieses sagst, mich schlägst, mich von Dir stößt?
Habt Ihr denn nicht gehört? Ich bringe Euch die Liebe,
die Euch aus Kampf und Feindschaft, Neid, Gewalt und Haß
befreiend aufwärts reißt zum großen einen Sein –
Ich bringe Euch den Schlüssel Eurer Herzen,
den Sinn des Wortes »Bruder«, die Erlösung
aus Zwiespalt, Einsamkeit, den Weg zum Wissen
von Eurem Wesen, von Gemeinschaft, Bruder-Leib und Bruder-Geist ...

Der Mann
So gib uns, was Du uns versprichst, daß wir es nutzen können!
Zeig uns, was uns beweist, daß Du es ehrlich meinst!
Enthülle Dein Geschenk, die Worte laß' ich Dir – –

Prometheus
Du zweifelst?

Der Mann
Weil ich nichts sehe!

Prometheus
Weil Du nicht erkennst!
Nein, Bruder, nicht will ich Dich schelten, – muß ich Euch ja doch
zuerst die Augen öffnen, daß Ihr sehend werdet –
Kommt, – nehmt mich hin, – umarmt mich, – fühlt das Schlagen
des Herzens, dessen Sang wird Eure Seele wecken – –

Der Mann *(zurückweichend)*
Ich kenne Dich noch nicht, – erst muß ich wissen, wer
und was Du bist, eh' ich Dir Freundschaft schenke –

Der Sohn
Ich dacht' es gleich, – er ist von oben, – und er sinnt Verrat –

Die Frau *zur Tochter*
Komm mit, wir fliehen, laß die Männer rechten –

Die Tochter
Mein Platz ist hier. Ich bleibe. Nicht mehr will
ich in die Nacht zurück. Ich will erwachen. Morgenlich.

Der Mann
Verhülle nicht Dein Haupt! So Du die Wahrheit sprichst,
wollen wir gerne Deine Freunde sein!
Siehe, wir sind nicht böse – Armut ist unser Los –
wir frieren – wir hungern – wir sind ohne Licht und Wärme –
immer stößt man uns – rauh umsteint uns die Erde –
unsere Grenzen sind eng gesteckt – was nutzt die Hoffnung –
die da droben in stolzer Sattheit auf Bergen wohnen,
höhnen uns, spotten unser, hilf uns, sie stürzen – –

Prometheus
Bin ich denn ganz verlassen, hab ich keine Macht,
durch diesen Wall zu dringen, der Euch zäh umkrustet?
Hört doch: fühlt doch: wißt doch: laßt Eure Sinne doch
in Jubel wirbeln: daß ich bei Euch bin –,

bei Euch, – bei denen auf dem Berg –, bei allen Menschen –,
daß ich Euch Friede bringe, daß ich Schlucht u. Kluft
und alles Trennende mit meinem Leib ausfülle,
den ich für Euch hinopfere, weil ich an Euch glaube – –
Wie soll ich es Euch sagen! Ach, ich weiß, – nicht darf
in meiner Sprache ich an Eurem Ohr vorbei
noch weiter reden, – denn Ihr sollt erkennen, –
ich will Euch sichtbar werden, daß Ihr mich erlebt, –
dann werdet Ihr auch meinen Sinn besitzen
und mein Geschenk und Euer eignes Herz – –

Die Frau

Herz war einmal. Vielleicht. Ich weiß es nicht.
Aber was störst Du uns, was machst Du uns weinen . . .
Ja weinen. Bitteres Echo weckt Deine Stimme. Bitteres Echo.
Wohin soll ich mit meiner Herz-Sehnsucht!
Wo hab ich Platz für Seelen-Heimweh?
Dunkel ist,
und ich gehe bebürdet, leibesschwer, händemüd, schädeldumpf,
meine Blüte verdorrt – Weib, Frau, Mutter – – vergaß ich –
vergaß ich das Licht – –
friere – friere –

Der Mann

Lügnerin, willst Du um Mitleid jammern, feiges Weib,
dankloses, schaff' ich Dir nicht Essen und ruhige Stätte,
trag' Dir Dein Brot zu, machte Dir Kinder, liebte Dich,
liebte Dich, hob Dich empor im Schwung meiner trunkenen Arme,
hüllte in Wärme Dich ein, hob Dich hoch in die Sonne zur ewigen Freude – –

Der Sohn

Lügner, Schwächling, prahlst Du mit Deiner Ohnmacht,
soll ich den Meister Dir zeigen, daß Du Dein Maul hältst,
Mutloser, Ehrloser, Achselzuckender, Muckender, Duckender,
wie ich Dich hasse, Dich hasse – –

Prometheus

So sieht es um Euch aus – oh, ärmer noch
als ich es glaubte, traf ich Euer Los –:
von Nacht umstellt, von jedem Schlag bedroht,
von jedem Feind verfolgt – und noch Euch selber Feind,

Fremdlinge unter Fremden, jeder für sich allein,
Gehaßte unter Hassenden, einsam zwischen Geburt und Tod,
Sehkraft im Auge, aber kein Schimmer, der klärte,
rings verschloßnen Blicks, und in die eine
Richtung, die Eurem Gesicht bestimmt, die einzige,
schauet Ihr nicht: in Euer Selbst, in die keimende Tiefe
Eurer eigenen Herzen, drinnen das heilige
Feuer des mächtig entfachenden Odems harrt ...
Sehet mich denn – sehet in meiner Gestalt die Verwirklichung
Eurer lebendigen Sehnsucht: sehet das Feuer!!
Glühend kreisend springt um mein Haupt die unendliche Flamme,
Flamme des Lebens, Flamme der ewigen Zeugung und Wiedergeburt,
Flamme des Weltenschöpfers, Flamme der rasenden, schmelzenden
alles umschlingenden einenden reinenden Liebe – –!
(Der Mann, die Frau, der Sohn weichen zurück, schützen die Augen mit den Händen.)

DER MANN *(in die Knie fallend)*
Bist Du ein Gott – gib, o gib uns von Deiner Gnade –
löse, erlöse uns, mache uns frei,
leuchte uns, zeig uns den Weg zur Höhe, die wir ersehnen,
hilf uns zur Ruhe, hilf uns aus unserer Hast – –!

DER SOHN
Feuer – – ich bete Dich an – – Kraft des schaffenden Lebens,
Kraft der Vernichtung –, Kraft der heißen Gewalt – –
Feuer, nimm meine Jugend, vermähle Dich meinem Willen,
hilf mir, den Sinn meines Seins zu erfüllen, zu kämpfen, zu jagen, zu siegen –,
siehe: ich öffne Dir meine Fäuste, fülle sie segnend mit Glut,
Sieh wie wir hungern. Hilf mir ergreifen. Hilf mir besitzen.

DIE FRAU
Nie wär ich erwacht, wenn Du mir nicht erschienen ...
Lüge war meines Tages Beginn, meiner Nacht Verdämmern –
nie zeigte mir einer das Licht: der Mann bestahl mich,
die Kinder stießen mich fort, ich wußte es nicht, ich schlief – –
Nun zum ersten Mal fühle ich wachende Ahnung von Leben:
wehe – mein müdes Auge
kann Deinen Strahl nicht ertragen – –
Hilf mir Dich sehen. Hilf mir sterben.

Prometheus

Nicht Ruhen, Raffen, Sterben künd' ich Euch, –
ich will zum wahren Leben Euch entfachen!
Vergeßt die Ziele Eurer kleinen Irdischkeit, –
befreit Euch, werdet ewig, – ach, es ist so leicht,
nicht Großes, nicht Unmögliches, was ich verlange,
nur einfach sollt Ihr sein, – nur einen reinen Ton
des Menschlichen, ein Wort nur, eine Stimme,
die aus dem wahrsten Wesen Eurer Seele kommt:
Seid Menschen! Nichts als Menschen! Oh, dann werdet
Ihr mich besitzen und unsterblich sein ––
Ihr schweigt? Fallt in die Kniee! Streckt die Arme
sehnsüchtig zu mir her! Ach, könnt' ich Euch gehören!
Doch niemals kann ich Euch erfüllen, so Ihr nicht
All-Menschen werdet, so ich nicht in Euch
auch allen andren, allen angehöre
und alle sich in mir vereinigt heiß umarmen ––

Der Sohn

Auch die von oben? Das kann niemals sein –––

Der Mann

Du willst Unmögliches. Wir sind aus Erde
und erdisch immer klebts an unsren Sohlen.
Wir fliegen nicht. Versteh uns doch!

Prometheus

O, ich verstehe Euch, –
doch Ihr versteht Euch nicht!!

Die Frau

Hilf ihnen! Verstoß' sie nicht! Den Mann! Den Sohn!
Ich will im Dunkel bleiben ––

Prometheus

Nur allen – allen – darf ich helfen –, oder Keinem!
Steigt auf, holt Eure Brüder her vom Berge,
seid alle gleich, Menschen in Stolz und Demut, –
dann will ich Euch beschenken, daß Ihr ewig werdet ––
Was steht Ihr stumm? Auf, zeigt mir Eure Würde! ––

Der Sohn

––––

– Betrüger!! Ahnt ich's nicht? Du sprichst für die von oben!!

Und wärst Du Kronos selbst, so böte ich Dir Trotz!
Ich reiß' Dir Deinen Feuerkreis vom falschen Haupt,
Verräter – –!!

Prometheus *(Hebt die Hand gegen den auf ihn Einstürmenden)*
Zurück! So spracht Ihr selber Euch den Urteilsspruch:
nicht darf ich Euch gehören, bis zu Menschen Ihr
gereift, und bitter muß ich mir das Wort entringen:
Zurück! Zurück in Eure Nacht! So bleib ich denn verstoßen,
gleich Euch ...

Der Mann *(verschwindend)*
Wir – – sind – – von – – Erde – –

Die Frau
Wehe – Wehe – –
(Mann, Frau, Sohn ertrinken in der Dunkelheit.)
(Indem Prometheus sich wendet, tritt die Tochter ihm entgegen, die bisher abseits stand. Ihre Gestalt ist sehr weiß. Sternhimmel.)

Die Tochter
Mich blendet nicht der Strahl um Deine Stirne,
mich bindet nicht die Nacht um meinen Fuß,
ich harrte Dein. Ich bin Dir aufgetan.
Du süßes Licht: sieh, ich bin ohne Grenze,
ich weiß nichts von dem Haß der irdischen Dinge,
ich weiß nichts von der Sucht nach Ewigkeit, –
Keusch wie mein Schoß
blüht meine Seele der wunderbaren Empfängnis –
Keiner vermöchte mich zu beflecken. –
Siehe: denn ich liebe die Liebe, um der Liebe willen ...

Prometheus
Oh Himmel, tausendfach von meinem Blick entflammt,
aus Deinen Edelsteinen triefte diese Stunde!
Du bist die Braut, die Reine, bist die lichte Brücke
von Mensch zu Gott, von Gott zu Mensch, von Zeit zu Ewigkeit ...
Du Erdgeborene, Du Erderlösende, Du unbedingtes Ja
auf alle Fragen, die sich drohend recken:
Du wirst mir angehören, Du wirst Mittler sein
der Gabe, die ich nicht allein verschenken kann,
wirst Sprache sein, in der ich meine Liebe offenbare – –,
Gefäß, in das ich meine ganze Glut verströme,

um allen sie zu weihen: Du vom Tale
wirst mich zum Berge führen, Brüder zu versöhnen – –!

Die Tochter

Nimm mich hin, mein glühender Geliebter – –
Siehe: in Deiner Hand springen meine Knospen –
schön bin ich, reif und hochzeitlich für Dich,
Dir sehnend ausgebreitet, wie ein dürstend Feld
in grünender wogender Weite – –

Prometheus

Sei mein! Umschlinge mich! Du Mensch! Du Duftende!

Die Tochter

Oh – wie ich leuchte – –
(Sie sinken ineinander.)

(Berghöhe. Beginnende Frühdämmerung. Nebel. Prometheus tritt auf.)

Prometheus

Wo bist Du? Nicht mehr fühl ich Deiner Seele Gruß!
Es war so süß zu wissen: ich bin nicht allein ...
Und diese Kraft, die ich von Deinen Lippen
in meine Adern trank – lebt sie mir noch?
Oh – meine Hände heiligte die Lust
an Deinem Leibe, daß sie sehend wurden
und fühlend, gütig, tätig, wirklich: Menschenhände –,
befreite Menschenhände, Öffner aller Herzen – –
Da riß ich mich von Deiner Brust, da stürzte
ich jubelnd ob des Glaubens in die Hoffnung mich,
von Liebe trunken, türmte mein Schicksal,
neu es lobpreisend, auf meine Schultern, ganz
mich ihm verkettend, daß ich nimmermehr
zurück kann: dieser Weg weist mir die eine Richtung,
und führt er mich zum Tode: ewig wird er leuchten!
Was schadet es, daß sie mich nicht erkennen!
Ich bin doch Mensch geworden, bin dem Menschenleibe,

dem Irdischsten, dem Zeitlichsten, vermählt –
so bin ich Euch geweiht, so kann in Eurer Sprache
ich zu Euch sprechen nun, so ward ich eine Brücke,
die unzerstörbar ist: aus Geist und Stoff geeint,
umfassend, ohne Zwiespalt, reinste Harmonie – –
Und überwältigt, überwältigend erhob sich
aus meiner Brust der Sturm; umschlang uns, breitete
rauschend die Flügel, riß uns durch die Lüfte,
trug uns zur Höhe, unsrer Sehnsucht nach – – –
Wir wollten Menschen suchen – – Und wir trennten uns,
wir schritten auseinander, ohne uns zu lassen – –
Ich suchte. Heiß. Voll Werben. Nirgends fand ich
der Brüder Spur, – ich rief, doch meine Stimme
verhallte klagend, immer mehr umschnürte
mich Einsamkeit und Fremde, immer ferner tönte
Der Sang mir Deiner Liebe, dämmerhaft, erkaltend – –
Wo steh ich nun? Wo ist mein Ziel? Wo meine Liebe?
Wo mein Herzschlag? Wo
die Leuchte meiner Hoffnung? – Oh – ich sehne
nach Deiner Einfalt mich, nach Deiner unverschleierten
göttlichen Menschlichkeit – oh komm – oh kehr zurück – –!
Was ist das? War das nicht wie Laut von ihren Lippen?
Sie ists! Doch ihre Stimme weckt mein Echo nicht!
Kann es denn sein, daß so die Menschenseele
von Wandlung überwältigt werden darf, wie diese Stimme?
Wie preßt der Schmerz mir jäh den Hals zusammen,
wie schlägt es hart in mein Gesicht – ich steh vor neuem Abgrund ...
(Tritt zurück. Die Tochter, der zweite Mann, die zweite Frau, der zweite Sohn treten auf.)

DER MANN

Sprich nun – was willst Du hier –, daß Dich ein Gott zu uns
emporgetragen habe, sagtest Du, doch scheint
es mir erlogen: denn zum Tale
zu Euch Enterbten kommen nicht die Götter – –

DER SOHN

Doch, diese trug ein Gott zu uns empor – –

DIE FRAU

Geh' nicht zu ihr! Nach unten zieht, was aus der Tiefe kommt!

DER MANN

Was zögerst Du? Steh Rede! Fürchte unsren Zorn!

DIE TOCHTER

Stärke schwellt Eure Arme, – und Eure Blicke, Ihr Männer,
glühen wie Feuer – – oh Feuer – – wer lehrte doch dies? – –
Kennt Ihr das Feuer – –?

DER SOHN

Ich ahne es – – es glimmt in meinem Blute – –

DER MANN

Wie ists mit Deinem Gott? Wo hast Du ihn gelassen?

DIE TOCHTER

Den Gott ...? Ich weiß es nicht ... Vielleicht träumt ich das nur ...

DER MANN

Wo aber sind die Männer Deines Stammes?
Wie käme denn ein Weib allein zu uns herauf?

DIE TOCHTER

Und wenn ich doch allein zu Euch heraufgekommen?

DER SOHN

Sag, daß allein Du bist, – sag, daß Dein Blut
allein zu uns Dich trug – –

DIE FRAU

Habt acht vor ihr!
Die Schönheit birgt den Keim des ewigen Leidens –!

DER MANN

Wir auf den Bergen fürchten nicht die Tücke
der Dunkelwesen: wir sind stark und stolz,
zu Herrschern hat ein Gott uns eingesetzt,
Herrschern der Erde, weil wir ihm am nächsten!
Die Talgeborenen sind schwach vor unsrer Hand!

DIE TOCHTER

So ist es wahr, was sie bei uns erzählen
von Eurem Hochmut und von Eurer Herrschsucht.
Doch Ihr seid schön – – seid schöner als die unten – –

DER SOHN

Und als Dein Gott?

DIE TOCHTER

Ich sehe ihn nicht mehr –
Er nahm mich wohl, – doch blieb ich unerfüllt

und schwand in seinen Armen hin in kaltem Schlaf, – – –
um erst bei Euch zum Leben zu erwachen – –

DER SOHN

Nun aber bist Du jung und strahlend aufgewacht,
hochragend stehe ich im Spiegel Deiner Augen, –
ich bin der erste Mann vor Dir, Herr ist mein Name,
sei mein: ich will zu mir empor Dich reißen,
wunderbar Entflammte – –

DIE TOCHTER

Ich atmete nur schwer und mühsam in der Tiefe – –
Ich kaute diese Luft wie zähen bittren Brei,
der mir das Blut verdarb, ich träumte sehnend
vom Gott, vom Helden, der das Licht uns brächte – –
Doch nun erkenn' ich: nimmer wird das Licht
zu denen niedersteigen, die nicht selber sich
zu ihm nach oben ringen, wo sein ewiger Thron – –

PROMETHEUS *(vortretend)*

Wie Du dies lügst – – – So hast Du mich verlassen – –
Dies fasse ich nicht mehr – Oh Menschen – Menschen –
wie soll ich Euch entwirren – –

DIE TOCHTER

Rettet mich!!
Ich kann nicht mehr zu ihm, ich muß ihn fliehen – –

DER MANN

(auf ihn eindringend)
Ergib Dich uns! Versuche nicht zu kämpfen!

DER SOHN

Fest halte ihn! Er soll sie nicht bedrohen!

DIE TOCHTER

Greift ihn nicht an! Er wird Euch zerschmettern!

PROMETHEUS

Nein, ich bin nicht gekommen, zu zerschmettern – –
Seht diese Hand – Euch zu beschenken ist sie weit geöffnet!
Doch Ihr stoßt sie zurück – – auch Du, die Reine,
die meine Seele nahm, – auch Du verleugnest mich.
Du fliehst mich wie den Tod, Du fürchtest mich
und birgst Dein Antlitz scheu vor meinem Blick –, O sprich –,
was hab ich Dir getan, daß Du mich so verlassen?

Die Tochter
Ich kann nicht! Laß mich Erde sein!
(zum Sohn) Du schütze mich!
Der Sohn *(zu Prometheus)*
Mach Dich hinweg, daß ich Dich nicht erwürge!
Was wagst Du Dich hierher, auf unsre Höhe,
die nicht für Dich bestimmt ist? Bleib in Deinem Tal,
wo Euresgleichen die gerechte Stätte hat!
Prometheus
Erwürge mich! Leg Hand an mich! Nimm Steine
und ziele auf mein Haupt! Du triffst ja nur Dich selbst!
Was hab ich nun, daß ich in Eurer Sprache
zu sprechen weiß, in Eurer Wesenheit
erscheine, – und doch ewig anders bin,
als Ihr, Geliebte Ihr, die Ihr mich haßt und scheltet!
Ihr Armen, Ihr Unseligen, Zerstörer Ihr
der eignen Zukunft: fühlt Ihr nicht die Gabe,
die ich für Euch vom Himmel trug, Euch zu vollenden ––
Der Mann
Wir brauchen kein Geschenk von Hergelaufenen!
Wir wohnen in der Sonne, auf der Erde Gipfeln,
die aber dienet freudig unserer Gewalt!
Prometheus
Wie freudig! Leidend stöhnt sie unter Euren Ketten,
sie schreit in Qual und flucht der frevlen Hand ––!
Die Tochter
Es ist nicht wahr! Wir lieben ihre Kraft
und küssen ihre Füße, die uns treten ––
Prometheus
Du Rasende! Was schändest Du Dein Glück!
Der Sohn
Gewalt ist Glück, – dem, der sie tut, und dem,
der sie erleidet ...
Prometheus
Ihr Geblendeten – !! –
Geblendeten von zu viel Sonne, anders nicht, wie andre
von zu viel Schatten blind: wie geht Ihr in die Leere ...
Gewalt ist Euer Wort, Gewalt ist Euer Glaube,

Gewalt ist Euer Sinnen, – weil Ihr keinen fandet,
der stärker ist als Ihr, – Ihr furchtbar Schwachen,
Ihr Unvollkommensten der Schöpfung, Ihr mißratnen Götter – –
Nein, stellt Euch nicht zur Abwehr, – seht, ich will Euch nicht
mit Eurer Waffe schlagen, – der der Schwächste ich,
der Ohnmächtigste bin: zu elend, um
Euch zu zerschmelzen, um den harten Ring
der Taubheit zu zerstoßen, der um Euch geschlossen –
seht, wie ich zu Euch brenne, wie ich um Euch glühe,
seht, wie mein Feuer rasend mich verzehrt,
weil es zu stark ist, mich allein zu füllen,
weil ich es geben muß und nicht verschenken darf – –
Hört Ihr noch meine Stimme? Wird sie nicht ertötet
vom Schreien jener Qual, vom Brausen jener Flamme,
die Euch befreien könnte, statt mich aufzuzehren?
Bergmenschen Ihr, steht nicht so tief erschrocken
und ratlos da vor meiner Leidenschaft: erkennt mich doch,
wie ich Euch liebe, – wie ich alle liebe – –
Oh meine Brust zerriß ich vor den Ärmsten, die in Not
und Hunger hocken, streckte beide Hände
sehnsüchtig bietend, hoffnungzitternd aus – –
Man sah sie nicht, – die Nacht verschlang den Schrei,
den ich nach allen Seiten wild entsandte –
Nun bin ich hier, bei Euch, die ich berufen
zur Allvollendung glaubte, zur Versöhnung, daß
Ihr mein Geschenk in alle Herzen trüget – –
Doch die, durch deren Mund ich reden wollte, – sie verriet
als Erste mich und sich an Eure blendenden Gebärden,
und Ihr – unheilbar – starrt mich drohend an,
greift an die Waffen, brüllt: Gewalt! Gewalt!, –
wo Ihr umschlingen solltet, Leben zu erfassen – –
Ich aber sage Euch, und meine Stimme wird
noch laut und klingend sein, wenn Euer stolzer Leib
sich längst in Fäule aufgelöst: Ihr schaffet für den Tod
statt für das Leben, bohrt Euch in Vergängnis
und Niedergang – oh reißt Euch auf – o liebet,
liebt Euch zu mir! Dann sollt Ihr ewig sein!

Die Frau *(versunken)*
Wie wahr ist, was er spricht. Sind wir denn glücklich?
Wenn wir jung sind, jubeln wir unserer Stärke
und jedem Scheine, der uns blendet, zu.
Wir schwellen an, wir glauben zu wachsen.
Einmal brechen wir ab. Dann stürzt es zusammen, dann schwindet
alles in Nichts – Was soll uns der sinnlose Kreis – –?
(zum Sohn)
Höre auf ihn! Er wird Dich glücklicher machen,
als meine ohnmächtige dunkelblütige Liebe vermag – –

Prometheus
Dies hört ich schon einmal – –

Der Sohn
Ich hör' ihn nicht! Ich höre nur das Rauschen
des Bluts in meinem Hirn, den Sang des Da-Seins,
was klagst Du, Mutter? Haben wir nicht Arme,
die herrlich sind, zu halten und zu herrschen?
(Umarmt die Tochter.)

Prometheus
So sprech ich in den Wind, ich Wahnbesessener,
so heul' ich in den Sturm, der lauter heult,
so schlag' ich an den Himmel, der unfaßbar,
so renn' ich gegen Felsen, die mich werfen –
Was rase ich, was schrei' ich in taube Ohren,
was find ich nicht die Tat, zu überzeugen,
find' ich nicht, find' ich nicht eine, nicht eine
Brücke zur Welt, die ich maßlos liebe – –
Soll ich das Wundergeschenk der erdbezwingenden
heiligen Feuer denen zu Füßen schleudern,
daß sie die elenden Throne ihrer Gewalt ins Unermeßne gipfeln?
Soll ich im dunklen Tal die stürmenden Gluten entfachen,
daß sie in wilder Gier zu sinnloser Rache sie nutzen?
Götter, wie straftet Ihr mich,
daß ich die Wurzel des ewigen Seins Euch raubte,
diese damit zu beschenken, – aber – konnte ich anders?
Und wenn ich anders könnte, – tät' ich es nicht wieder,
wieder und wieder, bis ich sie endlich erweckt – –?
Ja, ich muß Euch erwecken, nie werde ich schweigen,

glühend soll meine Stimme Euch rütteln und peitschen,
bis sie den Panzer zerschmolz, den die Erde um Euer Herz schlug:
Höret mich, Ihr, Mächtige, Herrscher der Erde,
höret mich, Elende, Ihr, Dumpfe, Verarmte, Verstoßene –
Hoch vom Berge des Lebens herab donnre die Menschenstimme:
Es ist kein Recht, daß Ihr stolz und stark seid,
und es ist kein Recht, daß Ihr arm und schwach seid,
es ist kein Recht, daß Ihr rot und satt seid,
und es ist kein Recht, daß Ihr
hungrig und krank seid,
es ist kein Recht, daß Ihr so seid und so seid – –:
aber es ist das Recht, daß Ihr alle frei seid –,
frei seid, zu tun, frei seid, zu lassen,
frei, in der Bindung durch Erde und Erbe,
frei, in der Fügung durch Schicksal und Wege,
frei, in der letzten bezwungnen Minute noch –:
Freiheit der Seele, unendliche Kraft – –
(zum Mann)
Hörst Du mich nun, Künder der ruchlosen
blinden Gewalt? Euch zerschlag' ich die Throne,
aber den Armen, den Sklaven zerschlag' ich die Lust nach dem Thron –,
Hörst Du, verstehst Du mich nun – –?

DER MANN

Fast weckt Dein Rufen Klänge, die verwirren – –
Doch sieh, der Osten rötet sich, die Berge heben
die großen Häupter aus dem Nebeldämmer
zum heiligen Gestirn empor: so fest, so stark,
so unverrückbar steht die Welt – und ich in ihr – –

PROMETHEUS

So fest, wie Deine Berge, die ein Mundhauch
des Feuerschöpfers jäh in Staub verwandelt – –
(zum Sohn)
Stehst Du wohl auch so fest? Und fühlst Dich nicht gelockert
im Sturme meiner Flammen, die – ich sehe –
in Deinen Augen ferne Sehnsucht wecken – –?

DER SOHN

Ich weiß noch nicht, wo Anfang, Ende und Bestimmung, –

dies aber weiß ich, daß ich meinem Ruf
und meinem Schicksal treu sein muß, das in mir ist.
Es brennt von meinem Herzen auf, es strudelt
durch meine Adern, zerrt in meinen Händen
und heißt mich handeln – kämpfen – – Tat – –!
Ich muß sie tun!

PROMETHEUS

Keiner ist der Tat
verpflichtet, – keiner muß sie tun!
Wir alle sind dem Sinn allein verpflichtet, der jedoch
befiehlt Dir: *nicht* zu tun! Das ist die größre Tat!
Sei frei von Deinem herrschsüchtigen Ich, enteigne Dich
der wahren Tat zu lieb, – gib mir die Frau zurück,
die Du genommen, – nicht für mich, für Dich wirst Du sie geben, –
sei frei, verzichte, – und Du sollst das Feuer fühlen ...

DER SOHN

Dorthin geht Deine Lehre? Feiger Lügner Du,
mit schönen Worten willst Du mich betrügen,
entlocken mir, was ich zu Recht besitze, –
nimm Dir Deinen Lohn – –
(will nach ihm schlagen.)

DIE TOCHTER *(den Schlag zurückhaltend)*

Was willst Du tun? Du darfst ihn nicht berühren!

DER SOHN

Du schützest ihn? Du kehrst zu ihm zurück?
Du stehst ihm bei? So bist Du nicht die Meine – –?

DIE TOCHTER

Ich winde mich in Qual – –

PROMETHEUS

O kehr zurück! O siege!
Noch kannst Du es, noch kannst Du Deine Liebe,
die Reinheit Deines Herzens, über Deine Lust
zum Höchsten steigern, – noch kann Friede werden
durch Dich und heilige Umarmung allen Menschen – –
O kehr zurück, o löse Deine Seele
aus Sucht und Zwang – o, hilf, o hilf mir schenken – –

DIE TOCHTER *(zum Sohn)*

Ich – bin – Dein, – – nimm mich in Deine Wärme,

Du bist mein Ziel, nicht kann ich über mich hinaus --
(In seinen Armen)

PROMETHEUS
Du letzte Hoffnung, – dieser junge Tag
begräbt Dein zartes Leben -- Muß es denn so sein,
daß wir zu allem Großen einsam sind --?
Warum muß das so sein?

FERNE RUFE *(sich fortpflanzend, hallend, anschwellend)*
Die Sonne --
Die Sonne --
Die Sonne --

DER MANN Die Sonne --
DIE FRAU Die Sonne --
DER SOHN Die Sonne --

(Sie fallen, der aufgehenden Sonne zugewandt, mit erhobenen Armen in die Knie. –)

PROMETHEUS
Warum muß das so sein --

DIE TOCHTER
Ich bin ein Mensch--

DER SOHN
Die Sonne!!

(Prometheus verhüllt das Haupt.)

(Flache Erde. Halbdunkel. Die Tochter, der zweite Sohn, der zweite Mann, die zweite Frau treten auf.)

DER MANN
Nun keinen Schritt mehr weiter: Immer dunkler wird
die Welt um uns, wir straucheln, wir verlieren
uns selbst und finden nirgends Ziel --
Was treibt uns nur, in diesen Grund zu steigen?
Hier treffen wir ihn nicht, der uns entschwand,
der fuhr dahin, wo wir ihm nimmermehr
nachfolgen können --

Die Tochter
Doch – wir können es – –

Der Sohn
Drum weiter, weiter, haben wir begonnen,
so gibt es keine Ruhe, bis Vollendung strahlt – –
Auf, unverzagt, was soll die Mühe uns
verdrießen, die wir selbst verschuldeten?

Die Frau
Ich kann nicht mehr – –

Der Mann *(zum Sohn)*
Gedulde Dich, wir halten kurze Rast!

Der Sohn
Nein, keine Rast! Wir wollen suchen, müssen suchen,
was liegt an Müdigkeit! Es geht um alles Glück!

Die Tochter
Es geht um eine Heimat. Denn wir haben keine.
Es geht um einen Trost, den uns die Welt versagte.
Hin und her irren die blinden Vögel unserer Sehnsucht,
er aber wies uns die eine, die rettende Richtung – –

Die Frau
Ist das die Rettung, daß wir nun die Berge
mit Tälern tauschten, daß wir nun statt Sonne
und Wärme Nacht und Kälte trinken, ohne daß
auch nur ein Schimmer ist, der uns entgegenwinkte?

Die Tochter
Tiefer noch, tiefer noch müssen wir abwärts steigen,
denn wir sind schwer, und unseres Wesens Gewicht
zieht uns nach unten, wie der Wasser Strömen
stets abwärts treibt. Suchen ist: wehrlos folgen – –
Wir alle strebten. Darum konnten wir
ihn nicht erfassen, der die Strömung ist.
Nun suchen wir –, nun treiben wir ihm zu,
in ihm zu münden wie der Strom im Meere …

Die Frau
Als wir noch oben wohnten, eh Du gekommen, Du Fremde,
wußten wir nichts vom Suchen, vom Abwärtstreiben – –
Du bist es, die uns in die Tiefe zieht, – nicht unsre Seele!

Die Tochter

Denkst Du der Stunde, da er zu uns sprach?
Wir alle blieben taub! Nur Du, – – Du ahntest – –

Die Frau

Ich ahnte, – ja, – ich sah den Kreis, den sinnlos wir
beschreiben, – doch Du brichst ihn nicht, – was soll uns denn
die Fahrt, die unser Letztes nimmt, und nichts uns gibt,
als größre Last, als härtere Verkettung?
Du stahlst uns Halt und Heim, Du Ruhelose,
nur Deine Unrast gabst Du uns dafür – –

Der Mann

Ja, Deine Unrast, Deiner kranken Seele Fieber
hat uns ergriffen, uns vergiftet, uns dem eignen Leibe,
dem eignen Leben fürchterlich entfremdet. Seit an jenem Tage
Du uns erschienst, seit er dann zu uns sprach
und uns entglitt, sind wir wie Jäger, die die Spur
verloren, jagend ohne Beute, suchend ohne Ziel –
Was schlug uns so? Es ging uns gut, wir lebten
in zweifellosem Daseinsglauben, unsrer Kraft bewußt,
und alle Dinge standen klar umrissen, greifbar, körpernah
der Seele wie dem Auge, – Sonne nährte uns,
war Gottheit, Mutter, Hoffen und Erfüllen – –
Schmerz war wie Lust ein Teil, das wir erfaßten
und willig nahmen, um es zu verwandeln – –
Warum erscheint uns alles jetzt so leer,
warum verbrennen wir in Sehnsucht nach dem Unbedingten,
als ob wir niemals einfach, stark und froh, als ob wir immer
in Schlaf und trügerischem Traum gewandelt wären?
Gib Antwort, Du, die Du in diese Nacht
uns führtest, – der wir haltlos folgten,
von einer fremden Kraft gelockt: was soll uns dies?
Wo treiben wir? Woher? Wohin? O, fänden wir zurück ...

Die Tochter

Auf diesem Wege gibt es kein Zurück,
gibt kein Woher und Wohin, – nur suchen – – suchen – –

Der Sohn

Unselige, – so wüßtest Du kein Ziel?
So wär es nur Gefühl der eignen Unvollkommenheit,

das Dich von Tal zu Berg, von Berg zu Tal in irrem Drange
verfolgt, – so weißt Du wirklich nicht des Gottes Aufenthalt,
den wir entdecken müssen – –?

DIE TOCHTER
Suchen ist unser Teil – –

DER SOHN
Nicht mehr vertrau' ich Dir! Wie konnt ich je Dir folgen!
Oh, Mutter, warum hieltest Du mich nicht zurück?
Sieh mich doch an! Wie bin ich nun entwurzelt, wie
aus meiner Bahn geschleudert, – – oh, ich möchte mich
mit eigner Hand zerreißen – –

DIE FRAU *(zur Tochter)*
Fühlst Du diesen Schmerz?
Und kannst Du das ertragen, ohne zu zerbrechen?

DIE TOCHTER
Das ward mir alles fremd. Ich weiß nichts mehr
von Eurer Qual, ich muß die Zukunft suchen,
ich muß die Lösung finden, eh' ich Leben schenke – –:
sieh diesen Leib! Er ist mit Frucht gesegnet ...

DER SOHN
Fluch meinen Lenden, die in Dich gezeugt!

DIE TOCHTER
Trag' ich von Dir? Trag' ich von ihm? Ich weiß es nicht ...
O, nicht des Mannes Same macht den Leib uns schwellen,
nicht in der Brautnacht wird das heilige Geheimnis
lebendigen Wachstums unserem Schoß geschenkt,
und keine kennt den Vater ihres Kindes, kennt die Flamme,
die eine neue Welt aus ihrem Fleisch entfacht – –
Wo ist, der mich durchdrang? Wo ist, der mich umarmte?

DER MANN
Wo ist, der uns bezwang?

DIE FRAU
Wo ist, der uns vertrieb?

DER SOHN
Wo ist, der uns erweckte??

DIE TOCHTER
Hört Ihr nichts – –?

(Der erste Mann, die erste Frau, der erste Sohn kommen von der anderen Seite.)

DIE FRAU
Geht nicht mehr weiter! War mir doch, als hörte
ich Stimmen und Geräusche – –
DER MANN
Keiner wird
in unsre Tiefe sich verirren – –
DER SOHN
Nahte nicht
schon einmal Einer, den wir nicht erkannten?
DER MANN
Und der uns bitter schlug, durch unsre eigne Schuld ...
DIE FRAU
Die Tochter nahm er uns –
DER MANN
Den Frieden nahm er uns,
gab uns verzehrende Wünsche –
DER SOHN
Oh kehrte er wieder!
DIE FRAU
Niemals kehrt er zurück!
DER SOHN
In allen Dingen such' ich seine Spur ...
DER MANN
Nie wirst Du sie finden –
DIE FRAU
Hätt' er mir nur die Tochter gelassen – – –
DIE TOCHTER
Oh nehmt mich hin, Ihr Menschen meines Blutes,
die Ihr mir einmal Heimat schienet, nehmt mich hin!
DER SOHN
Sie ists! Wo aber ist der Gott!?
DER MANN
Willkommen Du,
die reiner war, als wir: gib uns von Deinem Leuchten!

Die Frau

Mein Kind! In meine Arme! Warum fliehst Du mich??

Der Sohn

Wo ist der Gott? Und sein Geschenk? Bringst Du es nicht?

Die Tochter

Ich kehre arm und leer zu Euch zurück.
Ich bringe nichts als Sehnsucht. Helft mir suchen --

Der Sohn *(die andren Menschen bemerkend)*

Was wollen diese hier?

Die Tochter

Die suchen nur, gleich uns --

Der Mann

Sind sie vom Berge nicht,
von oben, wo die Sonne ewigen Reichtum spendet?
Was führst Du sie zu uns? Was sollten hier sie suchen?
Wohl unser Leben, dieses armselige
letzte Geschenk, das uns die Götter ließen?

Der zweite Mann *(vortretend)*

Nicht kamen wir mit Absicht, Euch zu treffen.
Hoffnung stößt uns umher,
sie, aller Sterblichen ewig treulose Geliebte,
treibt uns einsame Wandrer einander entgegen --

Der erste Sohn

Dies ist die Sprache nicht, die man von Euch gewohnt!
Steckt List dahinter, - oder wollt Ihr uns
verspotten? *(zur Tochter)* Hast Du sie verleitet
hierher Dich zu begleiten, Deine neue Sippe,
auf daß an unsrer Not sie ihre Herzen weiden,
um doppelt dann ihr sattes Glück zu preisen!?

Der zweite Sohn

Oh, wie er uns mit Worten ins Gesicht schlägt!
Dies ist der Lohn. Wir Elenden! Wir Toren!
Hätten doch von den Bergen wir herab mit Steinen
dies neidische Geschlecht zu Tod geworfen,
statt waffenlos, verlogner Lockung folgend,
hinabzusteigen, daß sie uns beschimpfen --

Die Tochter

Nicht! Sprich nicht so! Erkenne doch! Erhöre

Dein Herz! Gedenke Seiner Worte! Wirf die Maske
der blinden Feindschaft ab von Deinem Angesicht,
Du Mann, Du Bruder, fallt Euch in die Arme,
schenkt Euch einander, überwindet
das enge Ich, seid Du, seid alle Du, seid Wir ...
Ihr sucht doch alle nur das eine Ziel – –

Der erste Mann

Jetzt weiß ich, was es ist, – was Euch von Eurer Höhe
heruntertreibt: Ihr hörtet durch die Tochter
von dem Geschenke wohl, das uns der Gott versprach,
und wollt in Eurer Unersättlichkeit
uns rauben, was wir nicht besitzen, – Ihr Verruchten,
Ihr gönnt uns nicht einmal die Hoffnung, – selbst die ärmlichste,
selbst Sehnsucht, selbst das Suchen, das Erwarten wollt
Ihr mit uns teilen, – nicht um uns zu helfen, – nein, –
um unser Teil zu schmälern, – oh, ich kenne Euch ...
(zur Tochter)
Hinweg, – was drängst Du Falsche Dich an meinen Arm?
Geh doch zu diesen, die Dir schöner dünken,
als wir im Dreck der Niederung Geborenen!
Ja, – die sind besser, weil sie reicher sind – –

Der zweite Mann

So bietet Ihr uns Haß, die wir Euch nicht verletzten?
Ha, noch ist unser Arm nicht ganz erschlafft,
noch können wir Euch zeigen, wer der Herr ist,
Ihr Sklavenvolk, Ihr Gierigen, Ihr Diebe,
die Ihr das Gottgeschenk uns vorenthalten wollt,
das nur für alle Menschen er gedacht! Ihr habt es, –
Ihr haltet es verborgen, – gebt es uns heraus!
Ich weiß, Ihr wollt uns stürzen, wenn Ihr nicht zu feige,
zu hündisch, zu erbärmlich wäret, hättet Ihr uns längst
schon angegriffen, – oh, wie Eure Augen
in Feindschaft funkeln, – Häßliche, Vertierte, – –
flieht uns!! Sonst kann ich meine Wut nicht mehr bezähmen –

Der erste Sohn

Suchst Du den Kampf? Es könnte Dich gereuen!

Der zweite Sohn

Bleib mir vom Leib! *(stößt ihn)*

Der erste Mann

Auf! Pack ihn an! Würg' ihn am Halse!
Schlag ihm in die Augen!

(Sie packen sich an, – Mann gegen Mann, – Sohn gegen Sohn, – und winden sich in stummem, keuchendem Ringen.)

(Die beiden Frauen, jede nach dem Vordergrunde fliehend, treffen zusammen.)

Die erste Frau

So wie die Kämpfenden, um die wir bangen
in gleicher Qual, in gleicher Angst, in gleicher Sorge,
so schlingen unsre Leben eng sich ineinander, – schwesterlich, –
so flicht das Schicksal uns, das keine Grenzen kennt,
in Not und Lust zusammen, – gleiche Tränen
der Freude und des Schmerzes netzten unsre Wangen, – gleiche Wehen
durchkrampften unsren Leib, – und gleiche, zage Hoffnung
läßt unser Herz erbeben, – Mütter wir, – Geweihte
zum Lieben und zum Leiden –– Könnte ich Dir zürnen?

Die zweite Frau

Wir, die am tiefsten dieser Welt Verbundenen,
Wir, die am reinsten wir der Erde Glück empfinden,
Wir, die am bittersten vom Erdenweh
Geschundenen, ––
Wir wollen uns umarmen, um zu überwinden –––
(Sie umarmen einander.)

Die Tochter *(abseits, auf den Knien.)*

Wenn Du mir je erschienen, – wenn in diesem Meere
des Grams ich nicht Dein Bild, Dein Wesen träumte,
wenn Du je sangst von Liebe und Versöhnung,
wenn je Dein Mund uns ewige Freiheit tönte, ––
dann hör' mich jetzt, dann steig herab, dann laß' mich
im Grauen dieser Stunde nicht allein, dann löse
die gräßliche Verzerrung dieser Todesqual, dann zeige
Dein Antlitz jetzt, daß wir noch glauben können –––

(anschwellend, schreiend)
Nahst Du nicht, hörst Du nicht, willst Du uns nicht retten,
grausamer Gott, was hast Du den Schoß mir erfüllt mit
tödlichem Leben, wenn Du nicht helfen kannst?!
Weh mir – – ich will der Gewalt nicht zu Willen sein!
Weh mir – – ich will nicht gebären – – –

PROMETHEUS *(tritt zwischen die Kämpfenden. Tiefe Stille.)*
– – – Menschen – – Menschen – – Ihr – –
Was schweigt Ihr alle? Wollt Ihr, daß ich rede? – –
Soll ich noch einmal mein verschmähtes Herz
vor Euch ausschreien, daß das Blut mir aus dem Munde
in Eure Wüste spritzt, die alles Leben dörrt?
Soll ich noch einmal mit der eignen Faust
in meinen Wunden bohren, bis sie rot erbrechen?
Was laßt Ihr mich, den Ihr verlacht, verstoßen,
nicht in der Stille meines Schmerzes, deren Qual
noch milder ist, als das, was Ihr mir tatet, todesmatt
verflackern, – zerrt mich Müdgeweinten, Ausgebrannten,
noch einmal aus dem frühen Grab der Einsamkeit
in Eure grelle mörderische Lügenwelt zurück?
Was ruft Ihr mich? Was soll ich noch bei Euch?

DER ERSTE MANN
O bleibe bei uns, Einziger! Wir sehnen uns nach Dir!

DER ZWEITE MANN
O hilf, o rette uns! Wir suchen Dich seit langem!

PROMETHEUS
Ihr sehnt, Ihr suchtet mich? Und schlagt, um mich zu rufen,
einander tot? Um meinetwillen – – –?

DER ERSTE MANN
Wir lieben Dich so sehr! Was sind wir ohne Dich!

DER ZWEITE MANN
Wir gingen in die Nacht hinab, – – um Deinetwillen – –

PROMETHEUS
Wie schmerzlich geht mein Traum nun in Erfüllung:
so bin ich doch unlöslich Euch verbunden,
so hab ich doch im Grunde Eurer Herzen
– fast – eine Heimat, – bin ich s o gemeinsam
Euch allen, – – – – daß Ihr alle um mich leidet – –

Sprecht! Ist es so? Was trieb Euch in den Kampf?
Steh Du mir Rede! Warum schlugst Du diesen?

Der erste Mann

Ich weiß es nicht – – – weil er so ist, wie ich,
und mehr sein will . . . . so glaubte ich . . .

Prometheus

Und DU? Was führte Dir die Faust?

Der zweite Mann

Ich weiß es nicht . . . Weil ich so bin, wie er,
und er mich darum haßt – – so glaubte ich – –

Prometheus

Und Du? Und Ihr? Warum wollt Ihr Euch morden?

Der erste Sohn

Ich weiß es: weil wir nicht erkannten, daß
wir Brüder sind, daß wir uns gleich sind –,

Der zweite Sohn

– ja, – und weil wir Dich einander
mißgönnten, der Du nun zu beiden kommst – – –

Prometheus

Ihr aber, die Ihr eng verschlungen vor mich tretet:
was einte Euch? Was schmolz Euch so zusammen?

Die erste Frau

Uns einte Erdenschmerz, – nun eint uns Erdenfreude.

Die zweite Frau

Wir sind die Eine, die das All umschlingt . . .

Prometheus

Tritt auch heran, die Du im Dunkel abseits stehst,
sprich auch zu mir: was feuchtet Dir das Auge?

Die Tochter

Ich trage, will des Lebens ganzen Schmerz
in meinem Leib durch Dich zu Glück verwandeln.

Prometheus

– – – Menschen – – Menschen – – Ihr – –
So steht Ihr da, zerrissen von den Wunden,
die Ihr Euch selber schlugt, und doch aus einem Stoffe
gewachsen, doch von einer dunklen Kraft
gespalten und geeint, – schuldlose Sünder, – Reine
in Mord und Haß, – nur Opfer, – nur Besiegte – –

Nicht kann ich länger Euch das Gottgeschenk versagen,
um das Ihr bittet, nicht in meiner Brust
den Quell verhalten, der Euch tränken will:
Empfangt, was Ihr begehrt, – und sei es Euch ein Schlüssel,
der öffnet, nicht verschließt – – –
Oh Ihr Geliebten,
wer wüßte das Ende – – –?

(Er schleudert mit einer großen Gebärde das Feuer unter die Menschen, die – in einer engverschlungenen Gruppe – reglos stehen.)

(Tageshelle. Prometheus, ein nackter Mensch, tritt auf.)

Ich bin allein. So münden alle Schöpfer
in ihre Einsamkeit, aus der sie aufgequollen – –
O Ewigkeit der menschlichen Minuten,
Dich habe ich durchmessen und durchlitten,
aus Deiner Tiefe hob ich meine Tat – – –
Wollt Ihr mir fluchen, daß ich Euch versuchte?
Wollt Ihr mich segnen, daß ich Euch erweckte?
Mensch, – über Deinem Tag und Deinem Abend,
Mensch, – über Deiner Lust und Deinem Leiden,
Mensch, über Frage, Zweifel und Vergängnis
strahlt Deiner Seele unbedingtes Licht!
Ich bin nur eine Sprosse Deiner Leiter,
ich bin ein Schlag nur Deines heißen Herzens,
ich bin ein Ruf, der zündet und verhallt.
Du aber bist der Große, der Unendliche,
aus Deiner Brust wird Feuer Liebe schmelzen
und Deine Dornenkrone wird die wehe Zeit
in weiße Blüte wandeln, die die Welt vollendet.
Sei Deine Hand von Blut und Schuld gebunden,
sei Dein Gesicht mit blindem Schein umwunden,
sei Not und Tod Dein Erbe ewiglich:
Du bist! Ich weiß von Dir!
Du bist! Ich glaube Dich!!

(Er breitet die Arme. Vorhang.)

Kreuzweg

Drama in vier Akten

Personen:
CHRISTIAN KUTTER
MICHAEL HEUL
CHRISTA, Kutters Tochter
JULLE ROTHENDEL
LUX | Mägde
SCHMENE | Mägde
SPINNERICH
HANNES BÖHEIM
AMOS MODER
JENS MORGENSTERN
MARTIN GERUNG
LENHART VOM JOCH
HILARIO, sein Halbbruder
MADELON, Lenharts Frau
DER BRÜCKENMANN
Bauern
Knechte

Das Stück hat keinen historischen Hintergrund.

Landstraße. Nacht

CHRISTA

Wo – wo – die Stimme rief – und zog – und zieht –
Nacht ist wie Sand um meinen Fuß gestreut.
Neumond um meine Stirn. Der Wald entflieht
Das Dunkel flieht – die Straße – wohin – wohin –

DER BRÜCKENMANN *kommt ihr entgegen*

Hinauf – hinab –

CHRISTA *erwachend*

Wer bist du?

DER BRÜCKENMANN

Kennst mich nicht?

CHRISTA

Der Brückenmann? –
Der steht in Stein gefesselt überm Rhein.
Du hast die Haar voll Licht –
Schmerz wölkt dein Antlitz ein –
Du fremder Freund – –

DER BRÜCKENMANN

Irdisch in Form gezäunt
Hielt ich die Wacht. Strom mir zu Füßen rollt
Das grüne Blut der Erde. Abendgold
Tut weite Ebene auf: von reifer Frucht gebräunt
Dehnt sie den Leib zur Ferne – dunstumspült
Ragt hoch der Dom in Wolken: erdentfühlt!

CHRISTA

Weh –
Leuchtest du –!
Bedeckt die Augen.

Der Brückenmann
Brach auf der Bodenschoß – entströmte Vatertat –
Aus feuchter Furchen Mund schoß groß die Saat!

Christa
Nun schweigst du –
Und erlischst – –
Und wendest dich –
Bleib! Bleib!
Mir ist so bang –

Der Brückenmann
Ich habe keine Stätte mehr in dieser Zeit!
Die Brücken dröhnen Tag und Nacht
Wutruf und Blutgesang – –
Trübsand wächst aus dem Fluß – Dörrwind peitscht seinen Grund –
Stein bröckelt – Form zerkracht –
Aus hohlem Schlund
Glotzt hohles Auge – hohles – –
– Menschenauge!
Ich irre lang im Zwang
Und – suche – weit –

Christa *im Traum*
Suchst du auch – mich –?

Der Brückenmann
Weißt du, was Hilfe ist?

Christa
Hilfe –? nicht leicht – nicht schwer –
Gib dich ganz dem Fremden her!

Der Brückenmann
Kennst du die Not?

Christa
Die Not –

Der Brückenmann
Die rote Not!
Im Blut, im Hirn, im Herzen tausend Tod!

Christa
Oh –

Der Brückenmann
Zerstampft! Zerstampft!
Würghand am Hals verröcheln – brandumdampft!

Christa

Hilf!

Der Brückenmann

Zerhackt! Zerhackt!
Im grellen Tag zerfasert, nackt gepackt!

Christa *bricht in die Knie*

Hilf –

Der Brückenmann

Zerstört! Zerstört!
Am eignen Schrei ersticken – ungehört!!

Christa *fleht die Arme zu ihm auf*

Hilf!!

Der Brückenmann

Willst du mir helfen, Kind?

Christa *rafft sich zusammen, steht zögernd.*

Der Brückenmann

Willst du mir Zuflucht sein!
Ich stehe wund im mörderischen Schein.
Reinheit heißt: rastlos sich erleiden.
Willst du dem Brückenmann dein Haus bereiten?

Christa

Ich weiß nicht, was das Leiden ist. Ich bin nicht groß
Und fürchte mich. Doch stet und still
Fühlt sich mein Leib von Erde los –
Und schwebt – ein Abendfalter – über trunkenem Moos – –:
Ich – – will!! –

Der Brückenmann

Herr deine Gnad ist groß. *Breitet die Arme, geht.*

Christa

Wo? Wo? – Wie Riesenscheiben dreht
Sich's feurig hoch – mein Herz – zerstößt – mein Herz vergeht – *Im Staub*
Hilf Gott mir armem Kind,
Daß ich den Weg in Himmel find.

Erster Akt

ERSTE SZENE

Raum in Kutters Hütte, Christian Kutter, Michael Heul. Spinnerich kauert in der Ecke.

HEUL
Die Tochter!
KUTTER
Christa! – *Schweigen, Starren*
KUTTER
Etwas geht um.
Es gibt keine erdschaffenen Menschen mehr.
Wachsweiß schießen die Kinder hoch, flocken im ersten Wind,
Verfrühter Blust. *Schweigen*
Es ist nicht gut zu fragen,
Unser Wort ist so dumpf, das weckt keine Antwort.
Hämmre das Eisen, bis der Aufschlag singt!
Steht auf, ergreift den Schmiedehammer
Heul!
Raff dich auf!
Es gibt zu tun!
HEUL
Christa –!
KUTTER
Was schreist du?
Was krümmt deinen Nacken tatlos überm Herd?
Was glotzt dein Auge rot?
Klagst du mich an?
Hab ich sie dir genommen?

Bist du nicht selber schuld, wenn du nicht halten kannst!
Schweigen, Kutter schleppt Eisenblöcke auf den Amboß, hebt schwer den Hammer, zögert, läßt ihn langsam sinken
Ich schlag nicht mehr –
Für wen?
Die Spaten brechen unterm Druck.
Rost frißt die Schärfe, Fäule höhlt den Stiel.
Habt ihr noch Mut zu leben?
Immer preßt das Joch auf unser Tal –
Es gibt kein Tal, das nicht Bergschatten trüge –, dazu ist das Tal,
Daß sturmlos wächst, aus Wurzeln wächst,
Hinaufwächst, bergwärts wächst, zum Himmel wächst,
Was schafft, was schafft, was schafft!!
Hörst du –?
Was – schafft –!!

HEUL
tonlos Christa –

KUTTER
– Ich hab mein Leben lang geschafft.
Der dürre Arm ist hart wie Stahl.
Du bist wie rote Lache ohne Strom.
Verdumpft, vergoren –

HEUL
Wo denn – –
Mach mir die Augen auf –
Ich seh nur Wände –

KUTTER
Wo –?
Wände –?
Da –!! *Schwingt den Hammer um den Kopf*
Was – schaffen heißt!!!

HEUL
äffend Ich schlag nicht mehr –
Für wen – *Dicht bei Kutter, wild*
Für wen – –?!
Für wen – –?!!!

KUTTER *packt ihn am Arm*
Hierher!

Für dich! Für uns!
Nicht für die Herrn!!

HEUL *reißt sich los*

Für mich?! Nur neue Fron?!
Den Zwang? Die Hungerplag?!
Wozu? Für dich?! Für mich?!
Will sehn wofür ich schaffe:
Wissen, wem ich diene!
Gib die Tochter her –!!

KUTTER

Ich halt sie nicht –!
Ich ließ sie nicht am Hochzeitsmorgen fliehn!
Ich bin der Schwächling nicht, der sie verlor!

HEUL *aufrasend*

Schweig!!
Du!!! *Will ihm den Hammer entreißen, sie ringen.*

SPINNERICH *springt jäh aus seiner Ecke, reckt sich in die Brust, stammelt irr.*

Ich – Ich – Ich – Ich – Ich –
Kutter und Heul fahren auseinander, erstarren.

SPINNERICH *heiser*

Christa –
Christa – –

HEUL *stößt ihn*

Still!!

SPINNERICH *kriecht in seine Ecke zurück, Kutter und Heul, wortlos, erschlagen, nehmen Hammer und Eisen auf den Rücken, gehen ab.*

ZWEITE SZENE

Straße durch Wald. Frühlicht

CHRISTA

Ein Mensch –? Ist hier kein Mensch –?
Nie war ich so allein
In meinem Wald. Die Pilze und die feurigen Käfer
Sprechen nicht mehr mit mir.

Das Licht in meinen Augen
Hat einer ausgemacht. Den Widerhall
Aus meinem Ohr gelöscht ...
O Menschenstimme!

JULLE ROTHENDEL *abseits im Gras, erwacht.*

CHRISTA *schrickt zusammen, birgt sich.*

JULLE ROTHENDEL *streckt den Kopf aus dem Gras, räkelt sich der Sonne entgegen*
Schwirrendes Licht. Schon
Rot vors Auge – –. Schlänglein winde dich
Aus deiner mürben Haut –! *Kriecht vor, dehnt sich, springt auf*
Hooo!!
Tagluft reizt den Gaumen.
Hunger!!! *Sieht Christa, springt zurück*
Gespenst am Tag!
Die Mondfrau –

CHRISTA
Schlag mich nicht!
Ich bin ein Mensch.

JULLE ROTHENDEL
Kreuzschnabel hack dir die Augen aus!
Ein Mensch? Sagt auch der Irrwisch: »Mensch« –
Und lockt in die Sümpfe –!

CHRISTA
Beim heiligen Kreuz:
Ich bin ein Mensch.

JULLE ROTHENDEL
Kreuz ist böse! Kreuz ist Otternschmuck!!
Hebt einen Stein
Zurück!! Eh du mich würgst, werf ich dich tot!

CHRISTA
Sieh mich an.
Kann denn ein Antlitz lügen?

JULLE ROTHENDEL
Alles Glatte lügt!! *Wirft den Stein.*

CHRISTA *sinkt nieder, Blut rinnt von ihrer Stirn, sie weist mit der Hand darauf*
Das lügt nicht – *ohnmächtig*

JULLE ROTHENDEL *nähert sich scheu*
Blut – –! Gutes Blut –! Rotquell aus Kinderstirn –
Gnomblut ist gelb und eitrig. Wolfsblut gerinnt am Tag
Wie Teufelssamen. Böses Blut ist blau –! *Kniet nieder, kostet*
– Das ist – wie rote Tränen – traumdurchraunt
Wie Perlen aus der Tiefe – und so lebenszäh
Wie Harz aus Rinden quillt – –
Herzbrünnlein –!!
Reißt einen Fetzen von ihrem Kleid, legt ihn auf die Wunde
Wie das mein Tuch durchfeuchtet – meine Nägel färbt –
Warm meine Hand betaut: – – aus andrem Leib – –
Du Saft von vielen Wurzeln! Schlürfte ich dich ein,
Wäre ich dann – anders? Nähm ein Leben auf,
Das eigne Bahnen rollt?
Schwesternblut –
Nun bist du sanft geworden – taubensanft –
Wie gurrender Waldbach sanft – – *Küßt Christas Stirn*
CHRISTA *erwachend*
Ich bin kein Gespenst –?
JULLE ROTHENDEL
Ein Mensch. Wie ich.
CHRISTA
Bist du ein Mensch? Nicht wie der Brückenmann
Aus Luft geballt?
JULLE ROTHENDEL
Der Brückenmann?
CHRISTA
Drei Nächte hab ich ihn gesehn!! Ich lief und lief
Durch Nebelland – es war – als sei
Kein Mensch mehr auf der Erde – oder abgehackt
Die Schnüre zwischen Menschen – jeder rund
In gläsernen Schmerz gebannt – in gläserne Lust
Unselig haßverzerrt –
JULLE ROTHENDEL
Und – du –?
CHRISTA
Bin eines Bauern Tochter aus dem Tal,
Des Jochherrn Eigentum. Dem Schmied
Als Weib versprochen.

Julle Rothendel

Und – sag –:
Der Brückenmann –?

Christa

Was der mir gab
War bittrer als die Wunde. Aber groß
Von Sakrament durchschauert: nimmer am Altar
Wird dir solch Brot gereicht: so ganz aus Fleisch und Blut ...

Julle Rothendel *hebt Christa auf, stützt sie, führt sie zwischen die Stämme*

Schau da hinab! Siehst du den Strom?
Die Brücke? Und den leeren Stein?!!
Läßt Christa los, droht
Wer hat den Brückenmann vom Stein gestoßen?

Christa

– Ich – weiß es nicht –

Julle Rothendel

Wer hats getan
Und schreckt uns nun mit Zauber?
Reinheit? Himmelsleiter?
Ah –– *reißt ihr das Tuch von der Stirn*
Das ist die Gnade! Laß sie laufen!
Erlöserfratze! Bleich ––
Renn du dem Luftbild nach!
Doch hetz es nicht auf uns!!
Gib Lust für unsre Gier –
Gib Schrei für unsre Qual – Ich muß hinab ––
stürzt rasend zu Tal
Den Blutgott suchen –!! *Ab*

Christa *rafft das Tuch auf, legt es um ihre Stirn*

Ein Mensch ––?! Ist hier kein Mensch – *Entschreitet wankend.*

DRITTE SZENE

Raum auf dem Joch. Dämmerung. Schmene am Fenster. Lux in der Tür

SCHMENE
Jetzt machen sie ein Feuer drunten –

LUX
Glaubst du, daß er uns läßt?

SCHMENE
Drunten spuckt man dich an.

LUX
Bauerngestunk!

SCHMENE
Bist aus dem gleichen Mist gemacht.

LUX
Neid! Neid ist alles! Möchten alle gern hinauf, ins Joch!

SCHMENE
Im Joch sind alle.

LUX
Was?

SCHMENE *Auflachen*
Ha –

LUX
– – Dir tut das Joch nur süß –.

SCHMENE
Sei still!

LUX
Was still! Uns wird der Dienst nicht schwer!

SCHMENE
Ich weiß. Ich halt ihm her. Ich lock ihn an.
Und doch – –

LUX
Ich lauf hinab! *Springt fort.*

SCHMENE
– Und – doch –
wild – er wirds noch spüren!! –
Aufschrei von draußen. Lux kommt flüchtig zurück, von Lenhart verfolgt.

LENHART

Bleib stehn!

LUX

Laß mich!!

LENHART *drängend*

Hast schon vergessen –
Die Nacht –

LUX *in seinen Händen, stöhnt.*

LENHART

Du – *gewahrt Schmene, läßt Lux fahren*
Was starrst du?

SCHMENE

Rotfeuer im Tal –

LENHART

Was? *Am Fenster*

SCHMENE

Da brennt meine Mutter! –

LENHART

– brennt – *greift nach ihr*

SCHMENE *hochspringend, an der Tür*

– brennt dir die Augen aus –!! *Reißt Lux im Sprung mit sich hinaus.*

LENHART

Pack!! *Läuft ihnen nach. Es ist dunkler geworden.*
Martin Gerung und Madelon begegnen sich wie durch Kreise getrennt.

MADELON

Es kriecht ein Glutschein durch die Räume –
Angstschatten wirft die Gestalt –
Du –
Wir sind Bäume –

GERUNG

Durch deine Träume
Immer wandert der Wald –

MADELON

Nie umschlingen sich Bäume –

GERUNG

Rostiger Mond

Zeichnet uns Grenze?
Blutige Lenze
Pflügen das Winterland –

MADELON
Nie darf ich Wem gehören,
Rings von den Panzern der Haut umspannt –

GERUNG
Ich will sie zerstören!!

MADELON
An meines Leibes Rand
Ebbt deine Kraft.
In meinen Leib gebannt
Bleib ich zerklafft. *Glutschein schwillt an.*

GERUNG
Klafft eine Wunde rot,
Flamm, die aus Dornen loht,
Muß ich dich hassen –
Stern saugt aus Sternen Licht,
Strömt übers Nachtgesicht –
Willst du in dir verblassen – –?

MADELON *Aufschrei*
Ich kann mich nicht lassen!! *Schweigend Verharren*
Lenhart tritt hastig auf, ohne Madelon zu bemerken, auf Gerung zu.

LENHART
Hast du gehört?

GERUNG
Was gibts?

LENHART
Das Johlen –. Das Gebrüll!!

GERUNG
Die Stille brüllt.

LENHART
Das Tal hallt auf und ab.
Rotfeuer schwelt. Die Nacht zerbirst vom Schrei.
Irrsinnige sind im Dorf – und hetzen auf –:
Die Fron sei nicht von Gott –

GERUNG
Irrsinnige?

LENHART
– Gott sei kein rechter Gott,
Solang die Burgen stünden –
Eine Jungfrau ist vom Geist besessen –.
Der Brückenmann steht nicht mehr überm Rhein, –
Im Süden wo brennt schon ein Schloß – –

GERUNG
Recht so! Recht so!!
Zu lange fault der Stamm!
Sturm reißt die Rinde ab, das Mark
Mag sich im Widerstand beweisen! –

LENHART *am Fenster tobend*
Hütet euch!
Noch bin ich Herr!!

GERUNG
Was schreist du?

LENHART
All meine Knechte steigen
Bewaffnet ab?

GERUNG
Ist das der Herr?!

LENHART
Dreitausend Söldner!
Hundert Mordgewehre – –

GERUNG
Dich hat ein Bauernknecht gemacht.
Dein Arm ist plump. So spannt kein Herr die Sehne.
Laß mich nackt hinab,
Nur mit der Klarheit meiner Stirn bewehrt
Die Brandung zwingen –!

LENHART
Platzt aus jeder Wand
Der Eckpfahl –, kracht das Dach
Mir überm Kopf zusammen – –

GERUNG
Stürz!
Dein Tag ist um!!

LENHART
Du –!! *Dringt auf ihn ein.*

Madelon *zwischen die beiden*
Hunde!! *Martin Gerung, Lenhart gehen schweigend ab nach verschiedenen Seiten, Madelon verharrt.*

VIERTE SZENE

Hofraum im Joch. Fackellicht. Lenhart, Gerung, Schmene, zwei Knechte halten Christa an den Armen.

Lenhart
Wo habt ihr sie erwischt?
Knecht
Am Waldrand, auf der Kuppe,
Wie im Wandelschlaf.
Lenhart
Ihr könnt gehen. *Knechte ab. Zu Schmene*
Du bleibst. *Zu Gerung*
Was willst du hier?
Gerung *schweigt.*
Lenhart *tritt hart an Christa*
Willst du nicht reden? Auch gut! Schweig dich aus!
Ich kenne dich. Ich hab dich schon gesehen,
Wenn ich zur Jagd ritt, vor der Hütte spielen.
Ich hab dich schon gesehen und nicht vergessen!
Du! und gut gewußt: wir sehen uns wieder!
Aber, daß du frei in meine Hände läufst, ganz ohne Garn und Köder,
Hätt ich nicht gedacht. *Nimmt ihre Hand, flüsternd*
Willst du mir nicht deinen Namen sagen?
Daß ich dich streicheln kann mit liebgewohntem Wort? *Stößt sie*
Was soll der Schreckblick? der verkniffne Mund,
Die kalte Haut, das Zittern? *Deutet auf Schmene, die starr steht*
Blick die an! Kaum sechs Monat länger Weib,
– ist auch nicht dran gestorben!
Frag sie doch, wie es sich lebt, im Joch!?! *Zu Schmene*
Bring sie fort! *Zu Christa*
Dir kommt auch noch die Stunde, wo dein Mund
Sich löst – und sei's zum Stöhnen!

Christa *wie zu sich*
Ach – Brückenmann –
Lenhart *erschrickt*
Dort pfeift der Wind her?
Brückenmann – –
Was ist mit dem!?
Christa *schüttelt den Kopf.*
Lenhart
Knechte!! *Zwei Knechte kommen. Zu Schmene*
Geh! Ich brauch dich nicht!
Schmene bleibt. Zu den Knechten
Bringt sie in den Turm! Schließt sie in Ketten!
Knechte mit Christa ab, Schmene huscht hinterher.
Der Brückenmann – –
Ich will das Truggespenst gegen sich selber kehren!
Ah –!! Euch Gespenstergeißel schwingen,
Blindes Pack! Der Fang kam gut. *Will fort, prallt auf Gerung*
Was willst du hier?
Leg dich doch vor die Schwelle ihrer Kammer!
Armer Narr!
Was lachst du? Oder malt die Fackel nur
Zerrschatten auf dein starr Gesicht?
Schweigst wie das Kind vom Tal – – *Lange Pause. Gerung unbewegt. Lenhart plötzlich, wie von Angst gepackt, ab*
Gerung *schweigend und starr, folgt ihm nach.*

FÜNFTE SZENE

Raum in Kutters Hütte. Nacht. Unsicheres Licht von außen. Kutter hockt auf einem Holzklotz. Unbewegt. Spinnerich kriecht durch die Ecken, huscht an der Wand, fängt etwas. Setzt sich hin, kaut. Es klopft.

Kutter *regt sich nicht; es rüttelt jemand an der Tür; Kutter horcht auf, schüttelt den Kopf; das Fenster wird von außen aufgestoßen; Kutter springt auf*
Wer?!

JULLE ROTHENDEL *springt durch das Fenster*
Brand schlägt herein!!
KUTTER *reißt die Tür auf*
Hinaus!!
JULLE ROTHENDEL
Brand läßt sich nicht bereden! Setzt sich ins Gebälk,
Frißt Stock und Schindel ab, faßt die Bettstatt an,
Springt übern Tisch, verzehrt,
Was steht und starrt.
SPINNERICH *in der Ecke, lacht.*
JULLE ROTHENDEL
Die Ratten haben am Sarg genagt,
Luft pfeift herein, bläst die Leichen auf,
Die Nägel sind aus den Latten geplatzt.
Da fliegt der Deckel hoch: juchhei –
Wie braust es heraus!
KUTTER
Was willst du von mir?
JULLE ROTHENDEL
Habt ihr nicht lang genug im Sarg gesteckt?
Seid ihr schon so zu Brei gepreßt, daß ihr nicht spürt,
Wenn heißer Atem einströmt? Wirft sich nicht das Blut
Von Gier gebeizt, wie Geisir in den Sturm,
Der seinen Damm brach?!
KUTTER
Bleib mir vom Leib!
JULLE ROTHENDEL
Nein! Nicht vom Leib! Hinein! Wie Pfeilgeschoß
Ins Fleisch, ins Adernetz, ins rote Herz, daß Rot
In deinen Augen schwillt, daß Rot
In deine Ohren schrillt: Die Not! die Not!
KUTTER *drängt sie zur Tür*
Ich will dein Lied nicht hören!
Hinaus!
JULLE ROTHENDEL *packt ihn an*
Hinaus! Hinaus! Du mit!
KUTTER
Um keinen Schritt!

Julle Rothendel
Weißt du wohin? Wozu?
Kutter
Ich weiß. Das Feuer leuchtet weit.
Julle Rothendel
Nicht weit genug!
Kutter
Laß mich!
Julle Rothendel
Wir brauchen dich. Du bist die Stirn im Tal!
Kutter
Wo drängst du hin!?
Julle Rothendel
Ins hemmungslose Meer
Der Lust! der Glut!!
Kutter
Zerbrochner Räder Sturzgeschrill!!
Die Karre läuft in Abgrund.
Julle Rothendel
Zerbeißt die Zügel!!
Kutter
Mich ekelt dein Geschrei! *Schweigen*
Julle Rothendel
-- Ich kenne dich!
Als ich im Winter fror, hast du mich fortgejagt,
Aus deinem Stall, wo warm im Rinderdampf
Der Hund gesättigt schlief! Ich aber hab im Wald
Der Tochter, die dich floh, die wunde Stirn verbunden!
Kutter
Du! Die Tochter?!
Julle Rothendel
Komm mit, dann sollst du's hören!! *Ab*
Kutter
Die Tochter -- *tritt ans Fenster, lehnt sich hinaus.*
Spinnerich *aufgeregt, huscht an den Wänden, murmelt.*
Kutter *nach einer Weile, macht das Fenster zu, hockt sich nieder*
Nein. Die bringt sie nicht zurück.
Die hat den Punkt nicht in sich, Kreise zu bewegen, Kreise!

Samenrund! – –
Mit geschlossenen Augen
Wo ist die Hand, zu pflügen?
Ich bin alt. –

SPINNERICH *hat etwas gefangen, kaut.*

HEUL *mit dem Hammer, tappt herein, setzt sich stumm.*

KUTTER *nach einer Weile*
Wo kommst du her?

HEUL *antwortet nicht.*

KUTTER
Warst du auch draußen, wo das Feuer brennt?

HEUL
Ich war nicht draußen.

KUTTER
Gehst du in der Nacht
Mit deinem Hammer einsam? Bist du auf der Jagd
Nach Wölfen oder Berggespenst? Reibt dich die Fron
Am Tag nicht müd genug?

HEUL
Die Tochter – – –

KUTTER
Wenn sie im Wald
Verwundet irrte –

HEUL *springt auf*
Was –?!

KUTTER
Wenn es eine Spur
Von ihrer Irrfahrt gäbe – –

HEUL
Wo?!

KUTTER
Ein Weib hat sie gesehn.

HEUL
Suchen! Rufen! Hinter jedem Busch!

KUTTER
Den Tag wart ab!

HEUL
Ich kann nicht!! *Reißt die Tür auf.*

Schmene *springt ihm entgegen, atemlos*
Schnell! Die Tür zu! Keiner darf mich sehen!!
Heul
Schmene! Die Magd vom Joch!
Kutter
Was willst du? Herrenhure!
Schmene
Spuckt mich an! Ihr habt ein Recht!
Ihr seid so schlecht wie alle.
Ich bin schlecht genug, mich nicht zu wehren.
Wie ihr mich macht, so steh ich da. *Plötzlich*
Christa muß gerettet werden!! Auf dem Joch
Ist sie gefangen!
Heul *mit einem Schrei, will hinausstürzen.*
Schmene
Halt! So hilfst du nichts! Ich stahl mich weg!
Euch Rat zu sagen! Furchtbar ist der Turm
Befestet und bewacht. Was mag da Einzelkraft?
Nur wenn das ganze Tal sich bäumte --
Kutter
Wie –?!
Schmene
Seht ihr den Feuerschein?
Da draußen spricht ein fremder Mann vom Aufruhr!
Zaudert nicht!! *Läuft davon.*
Kutter
Zum Feuer! Ob aus dunklem Mund
Noch Rettung raucht --
Bauern *stoßen das Fenster auf*
Komm mit uns! Hilf!
Die Not! Die Not!
Kutter
Ich komme! *Ab*
Heul *hilflos, verwirbelt, wankt ihm nach.*
Spinnerich *huscht an den Wänden, murmelt böse, lacht.*

Zweiter Akt

ERSTE SZENE

Jochkerker. Christa in Ketten

CHRISTA
Du feuchtes Tier auf meinem Fuß.
Muß ich wie du nun stets im Dunkel sein?
Der letzte Sternengruß
Hängt noch in meiner Wimper. Strahlt sich ein
Und haftet tief: so bin ich nicht allein.

SCHMENE *huscht herein*
Steh auf! Ich mach dich los!

CHRISTA
Laß mich im Grab!

SCHMENE
Hörst du mich nicht?
Dich retten!!

CHRISTA
So tief sich betten,
Ein Wintertier im warmen Erdenschoß – –

SCHMENE
Zersprengte Ketten!!

CHRISTA
Was tust du –?

SCHMENE
Komm! Wir eilen!

CHRISTA
Faß mich nicht an!
Das schmerzt –

SCHMENE

Ich will dich heilen!

CHRISTA

Muß ich zurück in die flammende Not –

SCHMENE

Die Stunde flieht –

CHRISTA

Ach wär ich tot!

SCHMENE

Schon Morgenrot!

CHRISTA

Die Stimme zieht – – *Folgt ihr.*

ZWEITE SZENE

Rotfeuer schwelt. Elende Bauern im Halbkreis geschart. In ihrer Mitte Christian Kutter. Michael Heul, reglos, hockt nahe beim Feuer. Auf einem Holzstoß hochgereckt die Hagergestalt des Hannes Böheim. Rechts und links davon Amos Moder, in schwarzer Kutte, – Jens Morgenstern geduckt, auf eine Keule gestützt.

MODER

Tut auf die Elendshütten – reißt die Binden ab von
Euren Schwären!!

STIMMEN

Gib uns – – wir dürsten –

MODER

Rauschender Tau!! Die brachen Felder jauchzen
Im Strahl!! Die schlaffen Arme schmettern
Ans Tor der Not: Zerbrich!! Die Zeit ist da!
Die Tage sind erfüllt! Die Berge beben!

SCHRILLE STIMMEN

Und das Joch steht fest!

STIMMEN

Das Joch –! Das Joch –!

MODER

Es gibt kein Joch, das ihr nicht selbst um eure Nacken schlugt!

Stimmen

Wir –?

Moder

Ihr Säumigen! Ihr Stumpfen!
Recht hat der Herr vom Joch, wenn er euch zwingt!
Recht hat der Eisenhut, der eure Saat zerstampft!
Nicht Sünder ist, wer euer Blut säuft, –
Sündig ist das Blut, das sich nicht bäumt –!!

Einzelne Stimmen *drohend, schwellend*

Reißt ihn herab!
Schlagt ihn tot!

Kutter

Laßt ihn zu Ende reden!

Moder *schäumend über anschwellenden Lärm*

Laßt mich nicht zu Ende reden! Brüllt! Zerreißt mich!
Reißt euch selbst entzwei! Könnt ich euch rütteln,
Geißeln, peitschen! Peitsche über euch, Verweste! Aas!

Die Bauern *brüllend, stürmend*

Betrüger –!!

Morgenstern *aufspringend, furchtbar, schwingt die Keule*

Zurück.

Totenstille. Die Bauern ebben zurück, verhalten.

Kutter *tritt langsam vor*

Wer bist du?

Morgenstern *Handbewegung auf Moder, Böheim. Setzt sich stumm.*

Kutter *schwer*

Was ich nun sagen muß, ist nicht aus einem Kopf.
Die Erde stößt den Laut aus unserm Mund. *Gelöst*
Einmal hat der Ackermann mit seiner Saat gekeimt,
Mit seinem Vieh getragen.
Einmal sog der Mensch die Feuchte aus dem Boden, den er goß,
Die gute Mutterflut, das warme Wachstum, brüderlich.
Ich weiß nicht, wann das war.
Uns kratzt der Staub die Lunge, wenn das Korn sich bräunt.
Uns fault Verwesung aus Zisternen an. Wir sind den Tieren fremd,
Dem Ochsen macht das Heu aus unserer Hand den Speichel bitter,
Mancher schlägt sein Vieh. Uns ist die Freude tot. *Schwer*
Gib uns, wenn du von Gnade weißt, dem Blut zurück.

Die Häuser ragen steil, in denen ewig Licht brennt.
Viel zu steil für uns.
Der Turm, der dort den Dunst durchsticht, hilft uns nicht hier hinauf.
Denn jeder klebt an seiner Füße Spur.
Und will nicht lassen von der Scham an seinem Bauch. *Anschwellend*
Sprich nicht von Gott! Zu lange hören wir das hohle Echo.
Von den Kanzeln hallt es über uns hinweg,
Aus unsrer blutigen Fron knirscht es hinauf.
Sprich nicht vom Weg des Kreuzes! Unser Kreuz ist krumm!
Wer macht es gerade? Wer entfesselt uns zum Auferstehn am dritten
Tage? Was das Auge sieht, frißt sich ins Herz!
Aus magren Wünschen keimt die Lüge! Mach uns wurzelstark!
Stoß uns das Joch vom Nacken!! Brich uns das Kreuz vom Herzen!!
Gib uns dem Blut zurück!!

EINER
Dem Blut zurück. *Stille. Beklemmung*

KUTTER
Es friert von eueren Lippen, seht mich an:
Die einzige Tochter ging mir fort, verlor sich vom Stamm, der sie hielt,
Vom Boden, der sie trug, fiel in den Wind,
Wie frühgerissene Blüte, ohne Ziel.
Nun ist sie im Joch gefangen. Fast ein Kind –,
Im Kerker oder im erzwungenen Bett – *Stille. Bangnis. Beklemmung*
Hört ihr nicht?
Seid ihr schon tot?
Muß ich – ersticken –

JULLE ROTHENDEL *springt vor*
Stallvieh!!
Der Hund hat keine Zähne –!

KUTTER
Lösch aus du! Irrlicht du!
Das Maul der Sümpfe schnappt nach uns.
Fieber flackert heraus.

Julle Rothendel
Ah – –
Spürtet ihr, –
Wenn satte Ofenwärme euch umdumpft,
In nasser Nacht, das Kratzen an den Bohlen
Der angstverrammelten Tür?
Das Pochen an der Fenster Blindgesicht?
Das Greifen aus dem Raum? Das Schauern übern Rücken?
Wurzellos –!!
Gibt euch die Scholle Wurzel, der man euch versklavt?
Der enge Herd, von dem ihr uns verstoßt?
Gedunsene Leichen, ihr!
Der Riegel, den ihr abends ängstlich schließt,
Die Wand, die euch umstarrt, das Bett, das euch umknarrt,
Was ihr bewacht, was nur für euch gemacht,
Für euch allein gemacht:
Ist euer Sarg!!
Junges Weib
Luft! Luft um unsre Brüste!
Viele
Zerbrecht die Särge!
Brecht die Särge!!
Schrei
Luft!!
Kutter *zwischen sie*
Hohl!
Hohl ist die Hand, –
Ins Leere gespreizt –
Ins Leere!
Folgt mir!
Helft mir!
Hätt ich die Kraft!!
Ein Junger
Kriech in den Sarg!
Ein Greis
Wir sind zu Ende. Doch der Strahl,
Der nie erjagte, steht am Grubenrand,
Singt uns hinab – –

Ein Weib
Geht aus dem Licht!
Junger
Kriech in den Sarg!!
Kutter *umringt*
Tobt an mir hoch! Entwurzelt! Sturmgepeitscht!
Ich ramm euch in den Grund zurück!
Der Junge
Leben ist Strömen! Oh, wir durften nie
Zwecklos – erschüttert – jubeln –!
Ein Weib
Leben ist Leben!
Julle Rothendel *über anschwellender Bewegung*
Strudel über dem Fest
Lodernder Farben –
Streut euch hinaus! Vergeßt
Den Strick um die Garben!
Wogendes Korn! Stäubende Streu!
Alle die starben,
Wachen erwachen entfesseltes Lachen und machen
Uns leuchtender neu!
Splittern die Zäune die Balken im Spott
Wirbelnder Glieder
Bersten der Mieder
Schnürende Zügel – schäumen geschändete Kräfte euch wieder
Singe der neue der wärmere Gott
Singe uns schwingende Lieder –
Hoooo –!
Die Vögel über dem Berg, schwarmschwarz gehallt!
Hoooo –!
Ich sehe im Wald
Tausend Rothirsche tausend
Auf tausend Hindinnen brausend!
Hinaus und hinauf!
Legt Brand an die Hütten!
Die Schöße stoßt auf!
Verschütten –! Verschütten –!! *Tosend schwillt rhythmischer Lärm. Viele haben sich angefaßt. Viele wirbeln die Arme, tanzend, ekstatisch.*

Hannes Böheim, *dessen Gestalt während des letzten in seltsam verhaltener Tanzbewegung flackerte, beginnt plötzlich über dem jäh verstummenden Getöse zu singen*

»– Der Heiland stieg vom Grabe auf,
Da fiel das Kreuz in Staub –«
Du, Hauptmann, der ins Fleisch ihm stach,
Du, Söldner, der die Arm ihm brach,
Pilatus, Magdalena, du,
Kommt alle her zu Hauf!
Denn es ist keine Sünd und es ist keine Schuld,
Und wer glaubet und liebet und harrt in Geduld,
Der blüht wie ewiges Laub!

Julle Rothendel *vor ihm niederstürzend, seine Füße umschlingend, küssend*

Gott! Neuer Gott!
Entkreuzter! Erdengott!

Hannes Böheim *über einfallendem Gesinge*

»Die Taube flog vom Ararat,
Welt war des Wassers Raub –«
Ihr Knechte, ihr Bedrückten all
In Feuers Not, in Wassers Schwall
Gesühnt ist Adams Sündenfall.
Wir sind des Lichtes Saat!
Denn es ist keine Sünd und es ist keine Schuld,
Und wer glaubet und liebet und harrt in Geduld,
Der blüht wie ewiges Laub!

Julle Rothendel *vor Böheim*

Gott! Gott!

Alle, *indem unter Rufen: »Entkreuzter Heiland! Gott! Erlöser! ...« Böheim von Männern geschultert wird, abziehend*

– Und wer glaubet und liebet, wer glaubet und liebet – ...

Alle ab, außer Kutter, der neben Heul am Feuer niedergebrochen ist. Moder und Morgenstern sind den Abziehenden einige Schritte gefolgt, bleiben im Vordergrund stehen.

Moder *nach einer Pause, lacht hinter den Verschwundenen her*

So nicht –!
So leicht stoßt ihr das Kreuz nicht um!
Ihr habt kein neues Zeichen hingesetzt!

Ihr habt das Schwert vergessen! Mich! *Faßt Morgenstern an*
Wer bist du? Dein Buckel ist vom Bügelhalten krumm,
Dein Mund ist eingekniffen, wie ein Feuerspalt!
Du zuckst? Hast Angst? Durchgebrannter Knecht,
Bist du dem Herrn entronnen, und dem eignen Sklavenherz verslavt?
Angst! Angst! Warum malt ihr Madonnen an die Wände?
Warum betet ihr die Jungfernschaft an? Das nackte Krippenkind?
Den Jammerleib am Kreuz?
Der Gaul hat Augen, die so rund nach außen stehn,
Daß riesengroß in seinem Hirn die Welt sich ballt.
Darum sitzt der Schwächling Mensch auf seinem Rücken,
Schindet ihn zu Tod! Der Mensch hat Augen,
Die so hohl nach innen stehn,
Daß er sein eignes Spiegelbild in seinem Hirn gigantisch aufwirft!
Darum sitzt das Ichgespenst auf seinem Rücken,
Schindet ihn zu Tod! Zucht! Ordnung! Weltgesetz!
Traumspuk verdorbener Mägen, Alp auf unsrer Brust!
Stoß sie herab!
Unendlich Kampfgeschrei: Ich – oder du! Ich oder du!!

MORGENSTERN

Still! Still!!

MODER

Ihr habt mir meine Muskeln ausgemürbt!!
Aber ich will euer Fleisch pflügen, daß die Erde Blut statt Wasser
Schwitzt, jahrtausendlang!

MORGENSTERN

Schrei in den Wind.

MODER

Verzicht? Verzicht?! jetzt?! Wir weichen nicht!
Der Heilige muß fort, uns aus dem Weg! Du – Sieger!!
Ich – dein Freund –

MORGENSTERN

Was willst du? Mensch?

MODER

Laß mich nur machen! Mich!!
Streckt ihm die Hand hin, Morgenstern sieht nicht, dreht sich schweigend. Beide ab

KUTTER *Rafft sich auf, packt Heul an der Schulter, rüttelt ihn*
Heul –!
Schläfst du –?
HEUL
Die Tochter – –
KUTTER
– Tagtaube flattert herauf. Die Taumelnacht versinkt.
Mir ist, als türmte junges Licht ein Tor,
Durch das sie heimkehrt.
HEUL *ist aufgestanden, tritt mit den Füßen das Feuer aus, schüttelt die Arme in die Dämmerung, wortlos, steht starr.*
KUTTER
Laß uns hoffen, Heul!

DRITTE SZENE

Raum auf dem Joch, Madelon im Fenster

MADELON
Die Nebel flattern ängstlich vom Getöse dieser Nacht.
Wie aufgescheuchte Krähen.
Wär so viel Glut
In meinem Mund, sie atmend zu zerschmelzen. Göß ich mich,
Gelöster Regen, in die Tümpel hin.
Zerwachte Nacht.
Zerwachter Tag. Zerwachtes Leben. Oh –
Worauf warten wir –
CHRISTA
tritt ein, bleibt stehen, ohne Madelon zu bemerken
Was nimmt mich wie ein Blatt,
Wie Falterflügel losgerißner Flaum,
Aus Lichtgefieder, über Hügel hin
Zu taumeln, Glanz im Schwebewind
Und Gruß
Versunkner Sonnen –?
Oder glomm ich auf,
Aus angstverkrampften Schlünden,

Abgrundtief
Ins faule Grau zu tauchen?
Letztes Weh
In meine Brust zu brechen?
Lanzenstich
Ins tote Fleisch? In Kerkern der Natur
Die Kröten zu versöhnen, und das Gift
Vom Fliegenpilz zu küssen –?

MADELON
Warten! Warten!
Es muß ein Atem sein,
Der uns Neues einbläst. Wenn mich der Mann will,
Weiß ich: So hat einer einst meine Mutter gewollt!
Ach! Nicht am Strand verdursten!!

CHRISTA
Ein Mensch –

MADELON
Ein Mensch –!

CHRISTA
Ein Gruß, ein warmer Quell
Vom Stein geschlagen –! Schwester –

MADELON
Ein Spiegel!! Jungfrau!!
Weißes Qualgesicht!!

CHRISTA
Nimm meine Hand –!

MADELON
Gespenst –!! *Flieht, kauert in eine Ecke.*

CHRISTA
Entsetzen – –?!
Was hab ich getan!
Warum muß ich verletzen?
Klagt ihr mich an,
Steinerne Wände,
Daß ich nicht helfen kann – – *irrt hinaus.*
Männer eilen vorüber, hastiges Geräusch, Rufen hinter der Szene

EIN KNECHT
An die Waffen!!

Anderer
Im Oberland haben sie die Herrn mit
Knüppeln erschlagen!! *Beide ab*
Lenhart *stürzt herein. Am Fenster*
Jetzt sind sie schon am Joch – –
Sie tragen keine Waffen – –
Tödlich! Tödlich! – –
Das Gesinge – sinnlos
Wie Trunkene grölen, oder grell
Wie angeschoßnes Wild – – *tobend*
Komm an! Komm an!!
Ich will dir stehen, Bauerngott –
Ich will dich packen, Bauerngott –
Du sollst mein Gott nicht sein,
Doch ich –
Dein Teufel!!
Heee –
Auf die Folter mit dir!
Übers Feuer mit dir!
In Stücke, in Stücke mit dir – –
Und dann dein Fleisch
Den Hungerfüchsen in die Schlucht gestreut!!
Madelon *in der Ecke*
Komm – komm –
Du Bauerngott – –
Lenhart *fährt herum*
Du hier –?
Ich schloß dich ein –
Madelon *lacht.*
Lenhart
Dich zwing ich noch! Dich mach ich noch klein!
Stimmen *draußen*
Herr!! Herr!! –
Lenhart
So klein wie Stein und Erde unter meinem Fuß!
So klein wie den,
Der Ratten rief und Asseln in den Kampf,
Das Joch zu stürzen!!

Schrickst du, zuckst zusammen,
Hast du auf den gehofft,
Ihn hergewinkt mit heißem Flehgebet,
Knechte bestochen gegen mich, ihn einzulassen – –
Sein Bild schon auf der Brust – und seinen Namen nachts
Im Traum und Wachen murmelnd – –
Zu früh hast du getrotzt,
Zu früh gehöhnt!!
Der holt dich nicht heraus!
Der nimmt die Hand
Nicht von dir – diese Hand –
Die schwere, klobige Hand – –
Sieh her!!
Die Hand auf deinem Nacken!

MADELON *lacht auf.*

LENHART *dicht bei ihr, verändert, heiser gekrümmt*
Warum quälst du mich – –

MADELON
Du bist mit meinen Mägden glücklich,
Deine Augen sind rot, du bist wie unser Truthahn in Toulouse
Wärst du ein Wolf – – ein Panther – –

LENHART
Was ich nicht bin, hast du mir gestohlen –.
Du zerrst mir die Zunge aus dem Hals.
Du peitschst mir das Blut aus der Haut.
Ich geh zugrunde –

MADELON
Ah! –
Stirbt endlich wer an mir!

LENHART
Böses Tier –!!

STIMMEN
Herr! Herr!

LENHART
Ich komme! *Ab*

MADELON
Reißt mir die Nacht aus den Haaren!
Ich muß böse sein –!!

VIERTE SZENE

Jochmauer über dem Tal, Madelon zieht Gerung an der Hand.

MADELON
Da schau hinab. Dort wo der Bach entstürzt!

GERUNG
Dein Haar lodert im Wind –

MADELON
Bist du ein Mensch?

GERUNG
Was brennt aus dir?

MADELON
Hast du noch Blut?

GERUNG
– Ich fürchte dich!!

MADELON *auf der äußersten Kante*
Dann spring ich in die Tiefe!!

GERUNG
Was soll ich tun –

MADELON
Uns alle retten!
Wir sind steuerlos
Im klaffenden Eismeer –!

GERUNG *umklammert ihre Knie*
Was soll ich tun?!!

MADELON
Mich lösen!
Mach mich los!!

GERUNG
Du bist im Fieber –

MADELON
Gott, warum bin ich in diese Erde gepflanzt,
Ihr Saft ist zu scharf, sie nährt mich mit Tränen –!

GERUNG
Täglich strecke ich Flehhände, Helfhände nach dir aus.
Warum hast du sie nie genommen –

MADELON
Aber ich biege mich nicht, ich beuge mich nicht, ich –– will!!

Gerung
Was willst du von mir?
Madelon *faßt ihn an, deutet hinab*
Es weht ein Wind herauf – ein heißer Wind –
Der taut die Mauern auf ums Joch, der löst,
Der sprengt die Felsen, brüllt
In unsere Gruft –:
Der Heilige!! Der neue Gott!!
Dort ist dein Platz!
Gerung *hinstarrend*
Wie das aus Ställen bricht –
In Notdurft blind –
Aufwirbelt – und erlischt –
Warum? – warum –?!
Madelon
Geschäume – auf und ab –
Weiß ich, warum das Wachs am Feuer schmilzt – –
Hinab!!
Dort ist dein Platz –
An seiner Seite, über ihm
Den Aufruhr retten! Führer sein!
Gewitter lösen aus der schwülen Qual –
Gerung
Mich zünden – Funkenschlag
Aus fremdem Blutschrei –
Madelon
Brecher sein – und Selbstzerbrecher –!!
Gerung
Warum treibst du mich – –
Madelon – –
Daß ich dich lieben kann –
Gerung *reißt sich auf, ab.*
Madelon
Wer bindet mich los?
Wer löscht meine Flammen?
Was preßt meinen Schoß
Meine Hände zusammen – –
Sturmfetzen flattert hinab, werft rasende Fragen zu Tal:

Was fiebert in unserem Blut so jauchzende jauchzende Qual –! *Ab.*
Moder und Morgenstern

MODER
Noch keiner da?
Schon stürzt die Nacht!

MORGENSTERN
Mensch! Mensch! Was haben wir getan –

MODER *singend*
Das kleine Weltgericht!

MORGENSTERN
Verrat!

MODER
Geschwätz!

MORGENSTERN
Ischariot –

MODER
Troßknechtsnatur —!

MORGENSTERN
Pfuhl – bleibt Pfuhl.

MODER
Pfuhl – ist Dünger –!!
Knechte, im Hintergrund Lenhart, im Mantel, verhüllt

KNECHT *rufend*
»Kreuz –«

MODER *antwortend*
»– und Schwert« –

KNECHT
Führt uns!
Frei Geleit,
Bringt ihr den Bauerngott in unsre Hand.
Wendet sich zu Lenhart
Herr –?

LENHART *stumm, winkt ab.*

MODER
Auf! Noch vor Nacht geschiehts!

KNECHTE *nehmen Moder und Morgenstern in die Mitte, ab.*

LENHART *ist ihnen ein Stück gefolgt, bleibt stehn, schlägt den Mantel zurück.*

LUX *huscht hinter der Mauer vor, zupft ihn am Mantel.*
LENHART *herumfahrend*
Was gibts?
LUX
Herr, der die Knechte führt, der Schwarze,
Ich hab ihn heute nacht im Dorf gesehn!
LENHART
Du warst die Nacht im Dorf?
LUX
Ich lag am Waldrand, im Brombeergebüsch,
Ich hab ihn am Feuer gesehn, – so –
Stieß er die Hände hoch, stampfte wie ein Hengst,
Und rollte Gebrüll ins Dunkel –
Der ist dein Freund nicht, Herr –!
LENHART
– – Weib, glaubst du, daß ich feige bin –?
LUX
Herr – du bist stark –!
LENHART
Ach, was ist Kraft? Der Muskelknorz am Arm?
Die Schenkelsehne, hart vom Pferdedruck?
Weib! Sag wie alt ich bin!
LUX
Du Herr?
Wie alt?
LENHART
Sags!!
LUX *preßt sich an ihn*
Herr – du bist jung –!
LENHART *stößt sie vor sich her*
Ein stinkiger Greis!!

FÜNFTE SZENE

Lichtung im Wald. Altes Holzkreuz. Dort liegt Hannes Böheim langweg am Boden.

BÖHEIM

Sprechen die Gräser: Bist du auch wie der Erdhalm aus einer Gestalt,
Von der Spitze zum Schaft,
Bist du auch so dicht am Boden gewachsen,
So dicht am Gewölbe des Himmels,
Wie überm Gesicht mir der Graswald wogend,
So tausendfältig in einer Gestalt –?
Sprechen die Würmer: Bist du auch wie der Totenverzehrer
Genährt aus ewiger Mahlzeit, saugst du dein Wesen
Aus heiliger Fäulnis, Verwesen zu wandeln? *Setzt sich auf*
Ihr Gräser: Ja, ich bin wie das Schilfrohr steil und rings
Von atmender Haut umwoben, wie ihr ins Grüne gebannt.
Ihr Würmer: Ja, ich bin wie der Kotwurm
Tief in die Tümpel des Lebens gewühlt,
Abschutt der steigenden Säfte,
Asche des feurigen Wachstums, Trank mir und Speise:
Daß nichts in nichts verweht,
Daß Alles ins Andre geht – –
So seid ihr viele aus einem Hauch.
Ich aber bin in mir und außer mir. *Erhebt sich*
Den giftigen Tieren hat er es aufgedrückt, in der Schöpfungsnacht,
In der bösen Stunde jammernder Wehgeburt,
Das Zeichen gebrochenen Aufstiegs, das Mal der Verfluchung.
Das war die Sünde Gottes.
Das machte den Kain, der raste hinab, das Mal überm Auge,
Warf seinen Samen hinaus, in die leere, die seufzende Nacht,
Lustlos, verschmachtend – –.
Ihr Kaingeborenen, ihr liebelos Gezeugten, Kreuzbeladne ihr!!
Ihr Ottern, ihr Spinnen, ihr Kröten!
Mißhandelte, Mißratene, Pesthauch Verfolgte, ruhlose
Ratten des Friedhofs, Zwitter der Seele – –
Heran zu mir! Ich will euer Heiland sein!

Ich bin vom Kreuz gestiegen!
Und dem leeren Kreuz soll keiner dienen!

CHRISTA *irrt aus dem Wald*
Den Weg –
Zum Tal –
Zurück –

BÖHEIM
Eva! Sieh mich an!
Die Wanderschaft ist überwunden –

CHRISTA *sinkt vor ihm hin*
Gib mir zu trinken –

BÖHEIM *beugt sich über sie, küßt sie.*

CHRISTA
Was tust du?

BÖHEIM
Ich hab dich erwartet –.

CHRISTA
Mich?

BÖHEIM
Die Braut.

CHRISTA
Wer bist du?

BÖHEIM *sieht sich um, leise*
Gott, – vom Kreuz gestiegen.

CHRISTA
Du armer irrer Mensch!

BÖHEIM
Eva –!

CHRISTA
Ich bin nicht Eva.

BÖHEIM
Heilandsbraut!!

CHRISTA
Ich bin nicht Braut.

BÖHEIM *faßt sie an*
Fühlst du es nicht –?!

CHRISTA
Du armer irrer Mensch.

Böheim

Nicht Mensch! Nicht Mensch!!

Taumelt nieder, schlägt die Hände vors Gesicht.

Christa

Sah ich ein Tier am Wegrand liegen,
Halbzertreten, staubverklebt,
Wusch ich es heiß mit Tränen.
Seit mich die Stimme traf,
Ist irr mein Fuß,
Und arme irre Menschen fühlt mein Herz,
Und irres Licht: die Zeit. Und keine Hilfe ... Wann –
Wann kommt ein Mensch – –?

Böheim *springt jäh auf den Steinsockel, vor das Kreuz*

Mehr als ein Mensch! Sieh her!!
Vom Stamm gelöst! Und ohne Wundmal!
So –!! *Breitet die Arme.*

Christa *leise*

Gottsucht ist tot. Ein Mensch kommt hinter uns.
Denn nur ein Mensch
Kann Lebenswunden schließen.
Komm.
Wir wollen still die Heimfahrt suchen.
Wieder in das Tal,
Das uns bestimmt ist.

Böheim *steht starr, fassungslos, die Arme sinken. Jäh*

Versucherin! Versucherin!! *Springt herab.*

Christa ist verschwunden.

Böheim

Stein –!!
Leergefegt vom Kreuz! Und leer die Luft! Und leer –
Leer meine Hand – – *Wirft sich nieder*
Ihr Gräser: wachst mich zu!
Ihr Würmer: wühlt mich ein!
Staub, nimm mich auf!
Vernichtet – –

Hinter dem Kreuzstein vor: Moders Gesicht. Aus dem Wald zwischen den Stämmen vor: dunkle Gestalten, Knechte. Werfen sich über Böheim, richten ihn auf, nehmen ihn in die Mitte.

Ein Knecht
Bist du der Bauerngott?
Böheim *stumm*
Knecht
Er spricht nicht.
Ist ers?
Moder
Packt ihn!
Böheim *schreiend*
Ein Mensch kommt hinter mir!!
Knechte *lachend, packen ihn an.*
Knecht
Der kommt zu spät –! *Schleppen ihn fort.*
Moder *hinter dem Stein vor*
Hast du genug? Das Kreuz zerbrochen?
Halbes Werk geschafft?
Morgenstern *aus dem Wald*
Hier ist ein böser Ort! Komm mit!
Im Süden brennt der Aufruhr!
Dort floß Blut! Dort sind die Trauben reif!
Dort ist Geräusch, Gewürg, Vergessen – –
Hier ist ein böser Ort: die Schädelstätte
Der Verratenen – –
Moder
Die Welt ist hohl. Kein Wille füllt sie aus.
Haß ist wie Liebe laß und ohne Salz.
Was zeugt, vernichtet sich. Was schwillt, zerplatzt.
Nichts bleibt: nur Schwere, Schwere, Schwere rast sich aus – –
Schrei, Herde, nach dem freien Menschengeist!
Er wird dich gruseln lehren!!
Morgenstern
Komm!
Es dunkelt – *Beide ab*

SECHSTE SZENE

Raum in Kutters Hütte. Christian Kutter, Michael Heul. Spinnerich kauert in der Ecke. Lärmfetzen aus der Ferne

HEUL
Horch! Es geschieht etwas –
KUTTER
Viel, viel geschieht. Nie viel genug.
Da ballt sich Samen auf, platzt eine Frucht, ein Krater,
Quirlen Säfte aus zerquetschten Kelchen, – aufruhrtrüb,
Verrauschen. Bis der Rest sich klärt.
HEUL
Horch!
Etwas kommt –
KUTTER
So mach die Fenster auf!
HEUL
Laßt uns die Tür verrammeln –!!
Es – – kommt etwas – –
SPINNERICH *ist aufgesprungen, huscht an die Tür, lauscht, schnuppert, murmelt, Lärm schwillt an.*
HEUL
Die Tochter!! *Springt zurück, duckt sich in Schatten. Tür fliegt auf.*
SPINNERICH *kniet neben der offenen Tür, schwenkt die Arme.*
CHRISTA *flieht gehetzt herein*
Helft mir! Nehmt mich auf!
BAUERN *nachdrängend*
Haltet sie!
STIMMEN *draußen*
Schlagt sie tot!!
SPINNERICH *hat einen Hammer gepackt, geht auf die Eindringenden los.*
BAUERN *weichen zurück. Ein Junger und ein Bärtiger bleiben in der Tür.*
KUTTER *beugt sich über Christa*
Tochter! Heb deine Augen auf zu mir!
Ob sie noch Glanz aus jener Stunde sind, die dich empfing.

Dann gib sie mir zurück! Ich litt um dich,
Ich hab dich in die Welt geächzt,
Und deine Mutter starb an dir!
Das bist du schuldig!!

HEUL *knirschend, im Schatten*
Haßvater!!

KUTTER
Still!!
Es ist ein bittrer Kuß auf bleiche Lippen,
Schmeckt nach Totenschweiß. *Reißt sich auf, zu den Bauern*
Warum verfolgt ihr sie?

DER JUNGE
Sie hat den Heiligen gestohlen!
Sie hat ihn ins Joch verraten,
Denn sie kommt vom Joch!
Sie hat auch den Brückenmann gestohlen!
Er ist fort, sie weiß von ihm
Und will es nicht gestehn!

DER BÄRTIGE
Sie weiß etwas.

DER JUNGE
Sie weiß etwas!!
Wir aber sind verlassen, führerlos!
Gib sie heraus!!

KUTTER
Niemals!!

HEUL
Niemals!

SPINNERICH *schreit. Kutter, Heul, Spinnerich gleichzeitig mit Hammer und Eisen auf die Eindringenden los, die weichen zurück, Kutter wirft die Tür zu, alle drei stehen während des Folgenden drohend an der Tür, Christa, im Vordergrund, weinend.*

DIE BAUERN *draußen, singend*
Wir haben unser Hab verloren.
Wir haben unser Gut verbrannt.
Wir haben nichts als Kopf und Hand
Und Rache und Rache, die wir geschworen.
Wir wuchten und schrein:

Stoß ein! Stoß ein!
Wir stürmen im Lauf:
Mach auf! Mach auf!
Wir wollen mit vollen
Blutkelchen euch zollen
Wir wollen euch ehren
Mit Gabel und Speeren,
Wir wollen euch heilen
Mit giftigen Pfeilen,
Wir wollen verschwenden
Mit Morden und Schänden,
Wir wollen euch kosen
Mit stachlichten Rosen
Wir wuchten und schrein:
Stoß ein! Stoß ein!
Wir stürmen im Lauf:
Mach auf! Mach auf!
Wir haben unser Hab verloren,
Wir haben unser Gut verpraßt,
Wir sind von Mensch und Vieh gehaßt,
Rot ist die Rache, die wir geschworen!!

KUTTER *bei Christa*
Ich wollte dich in lauter Seide kleiden,
Doch unsre Hemden sind vom Fluch gewebt,
Und scharf gebeizt von Tränen. Schilt mich nicht
Wenn ich so hart ward wie das Felsenjoch,
Das mich hinabdrückt -- *stürzt hinaus, Lärm verhallt.*

HEUL *schleicht aus dem Schatten, kauert sich neben Christa*
Christa – Christa

SPINNERICH *von der anderen Seite, heiser*
Christa – Christa –

HEUL
Vieh!! *Schlägt nach ihm.*

CHRISTA
Warum schlägst du ihn?

HEUL
Er frißt Spinnen.

CHRISTA
Er ist ein Mensch.

SPINNERICH *fast drohend*
Christa! Christa!
Lacht böse, stammelt irr
Ich – Ich – Ich – Ich – Ich – *Springt hinaus.*
CHRISTA *blickt ihm nach, erschauert.*
HEUL
Warum siehst du nach dem?
Warum siehst du nicht nach mir?
Warum läufst du mir fort,
Und siehst dem Krüppel nach,
Und schweifst die Nächte durch, und träumst
Vom Brückenmann und Hilfe, daß das Volk
Dich heilig nennt, und dich verflucht?
Warum bist du kein Mensch, – kein Weib –
Wenn ich im Sumpf ersticke, ohne dich?!
CHRISTA *streckt ihm stumm die Hand hin.*
HEUL
Christa –
Christa –
Laß mich nicht allein!
Bleib bei mir!
Mach mich los!
CHRISTA
Ich will dein eigen sein.
Denn ich bin schwach, wie du –
Und stark wie du.
HEUL
Ich dumpfes Tier –.
CHRISTA *faßt ihn an der Hand, zieht ihn heran.*
HEUL *auf den Knien, preßt den Kopf in ihren Schoß, schluchzt.*
CHRISTA, *ihr Gesicht ist über ihm, ganz einsam im Licht.*
Nun ist der Weg ins Tal zurück gefunden.
Liebe tun
An einem Menschen – Liebe tun
Und – Liebe leiden – –?

Dritter Akt

ERSTE SZENE

Brücke im Nebel. In der Mitte ein leerer Sockelstein

CHRISTA
Die Brücke schwimmt im Gram
Der Nebelnässe, die den Ruf erstickt.
Wohin ich kam
Hat mich die Not aus blinden Augen angeblickt.

Der Stein ist leer.
Die Stimme zieht nicht mehr.
Verfluchung lastet schwer
Wie Hagelwolke hangend überm Hag – –

Ich schenkte mich der tiefsten Armut her,
Und floh – beim ersten Morgenglockenschlag – –
Den Kopf in den Händen, lehnt sie am Stein.
HILARIO *kommt, bleibt vor Christa stehen.*
CHRISTA *blickt langsam auf – lang ihm ins Auge. Schweigen*
HILARIO *nimmt plötzlich ihren Kopf in die Hände, zieht sie an sich, streichelt sie. Sie setzen sich.*
Kind, meine Lipp wird schwer
Seh ich solch zuckendes Gesicht.
Wo nehm ich Worte her?
Lang sprach ich nicht.

Hör zu.
Wo ich herkomm war trunkene Ruh.

Schweigend zwischen dem Steppengeblühe
Wanderten große zottige Kühe
Und wenn ein gebuckelter Büffel brüllte
Stand er schwer wie ein Beter da
Und seine dröhnende Brust erfüllte
Tiefer das Schweigen – und Gott war nah –

Morgens über Helianthusfluren
Liefen im Tau vieler Füße Spuren,
Wer sie erblickt steht still und denkt:
Diese Nacht hat alle getränkt.
Manchmal wiegen sich Falter an Säumen
Wogender Wälder voll Lebensbäumen.
Breiten die Schwingen mit nächtigen Augen
Schaukelnd auf stäubenden Kelchen zu saugen.
Dann wieder schreiten vor weidender Herde
Frühlichtumbrandet – die blauen Pferde!
Auf ihren breiten glänzenden Flanken
Spiegeln die Himmel azurene Flut –
Fauchende Panther stemmen die Pranken,
Sprungsehnen schnellen die samtnen Schlanken
Grausam und groß auf das duftende Blut.

So hab ich gelebt:
Von Moosen umschmiegt, von Gräsern behangen.
Die Monde sind über mich hingegangen.
Aber einst hat die Erde gebebt.
Feurige Lava aus Unterweltschmieden
Zischte zum Himmel in stinkendem Dampf – –
Da spürt ich: noch gibt es in Bränden und Krampf
Knirschende Welt, von den Tieren gemieden.
Mensch sein ist Kampf! So bin ich geschieden.

CHRISTA *lächelnd*
Bist du erschienen, als ich schlief?
Bist du der Bruder, den ich rief?

HILARIO
Erscheinung ist zu Ende! Was dich rührt und führt,
Sind glühende Menschenhände – kraftgeschürt!

Wir schweben über den Wassern tausend Jahr –
Von Leidensbetern und Hassern entkörperte Schar.

Da stürzten wir ab ins Fremde, ins ewig lockende Meer –
Nun sind wir zum Strand Geschwemmte –
Die Erde schenkt sich uns her –!

CHRISTA
O sprich –! Die Stimme ist Gesang
Aus Räumen – Träumen – macht mich froh und bang.

HILARIO
Das strömt aus Menschenbrust. Die Saiten sind
Von mir zu dir gespannt. Wir atmen singenden Wind.

CHRISTA
– – Der erste Morgen ist
Am Brückenranft erwacht: Ich bin – – du bist – –

HILARIO *starrt in den Nebel*
– – Und was im Tal geballt in Ketten lag
Noch ungelöst – und schwer –

CHRISTA
Der Tag – –?

HILARIO
Der Tag – –!
Sonne stößt durch den Nebel.
Sie entschreiten.

ZWEITE SZENE

Raum in Kutters Hütte. Christian Kutter. Spinnerich

HEUL *tappt herein*
Fort –
Fort –

KUTTER
Die Spur –!

HEUL
Zum zweiten Mal verloren –!
Fort –!!

KUTTER
Ich hab sie nicht umarmt – –
HEUL
Du hast sie wieder fortgetrieben, du!!
Haßvater, du hast deine schmutzige Angst
Auf sie gewälzt, weil du dich fürchtest vor ihrem Gesicht.
Deine faule Erinnerung hat ihre
Jugend erdrückt, die Schultern den süßen Hals mit
Leichenknochen erdrosselt –!
KUTTER
Wenn wer die Tochter aus der Hütte stieß: dann
Du –! Floh sie nicht zweimal in der gleichen Stund:
Am Hochzeitsmorgen, vor der ersten Nacht?
Kommt sie noch einmal her: du packst sie nicht!
Ihr Bett bleibt rein von dir –!
HEUL *springt auf ihn zu, taumelt, kauert sich*
Sie hat meine Stirn geküßt –
Mein Haar gestreichelt –
So – – So – –
SPINNERICH *lacht.*
HEUL *auffahrend, tritt ihn*
Vieh!
KUTTER
Laß ihn.
Schluck deine Wut hinunter.
HEUL
Vieh!! *Tritt ihn*
Sie soll dich nicht mehr schützen! *Tritt ihn*
Vieh!!
SPINNERICH *weinerlich*
Ich – ich – *heiser*
Ich – ich – *schrillt auf*
Ich – *springt hinaus.*
HEUL
Vieh – – *Droht hinter ihm her.*
KUTTER
Du schlägst dein eignes Zerrbild.
HEUL
Den –?

Kutter

Du schlägst dich selbst.
»Ich – ich –«
Das sind wir alle – – *Geht hinaus.*

Heul

– – Ist der dein Sohn? Hast du den gemacht!
Die Hackel von der Krüppelkiefer! Den jagst du nicht hinaus.
Der ist dir gut! Mir hockt er auf, mich kratzt er
Wie die Laus im Pelz. Ich mach ihn tot!
Mach ihn noch tot! und dich! und alle! Alle!!
Stapft umher, folgt Kutter.
Es klopft. Martin Gerung tritt ein, blickt sich um, steht still.

Gerung

Lehmwand. Gestampfter Boden. Falbes Deckengrau – –
Verstaubt und rußgeschwärzt: die Hütte –!
Menschenheim –! Hier malt die Sonne nie
Durch breite Bogenfenster Gelb
Und Rot auf weiße Seiden –
Hier ist nie Gesang. Hier friert
Der Laut auf meinen Lippen.
Hier
Soll Hilfe sein – –?

Stürz in die Knie! Zerbrich
In Scham und Liebe vor dem Leidenstag
Der Armut. Schmilz! und löse dich –
Sink in den Staub. Umtu
Dein Haupt mit Dornen. Klag
Dein Leben an. Und wandle du –!

Madonna. Deine südliche Wärme wag ich nicht
Zu rufen. Sei mir herb und heilig. *Hilario und Christa*

Christa *bleibt scheu in der Tür.*

Hilario *tritt ein.*

Gerung *fährt herum. Schweigen*

Hilario

Kennst du mich nicht mehr –?

Gerung

Wann – traf mich dieser Blick – –

HILARIO
Lang ist es her.
GERUNG
Bin ich wieder ein Kind – wir spielen
Im Felsgeklüft – und aus dem nassen Moos
Glotzen die Molche – –
HILARIO, *dicht zu ihm getreten, streckt ihm die Hände hin. Gerung ergreift sie, nun beginnt Hilario zu lachen, Gerung stimmt zögernd ein. Jäh verstummen beide.*
GERUNG *tritt zurück*
Du bist – – verändert –
HILARIO
Du nicht?
GERUNG
Zehn Jahre – –
HILARIO
Zehn Jahre Leben!
GERUNG
– Hast du – gelebt – –?
HILARIO
Du nicht?
GERUNG
Ich weiß nicht.
HILARIO
Du hast nie gewußt.
GERUNG *schrickt zusammen*
Kommst du mir das zu sagen?
HILARIO
Ich muß es sagen, weil ich gekommen bin. *Schweigen*
GERUNG
– – Immer kamst du, –
Mir im Licht zu stehn!
HILARIO
Bin ich so breit? so dunkel?
Sieh hinaus!
Da ist für alle Licht!
GERUNG
Sieh hinein!!

In Hütten! Höllen!
Herzfolterkammern!

HILARIO

Sieh den Leib!
Mit jedem Stoß zuckt unser Herz hinaus, –
Mit jedem Stoß kehrt es in sich zurück.

GERUNG

In seinen Kerkerzwang!

HILARIO

In seinen Wurzelgrund!

GERUNG

In seine Qualen.

HILARIO

In seine Quellen.

GERUNG

Ins Nichts!

HILARIO

Ins Mutterherz!
Warum wendest du dich weg?
Ich bin nicht gekommen, wehzutun.
Unter wärmerer Sonne hab ich gelebt,
Und aus dem endlosen Schweigen, den endlos brausenden Stürmen
Trug ich ein Raunen heim: das spricht aus mir.

GERUNG

Du hast es dir leicht gemacht.
Du bist geflohn.
Ich aber hab ausgehalten unterm Joch,
Hab deinen Platz versehn, für dich
Hab ich mich in der Enge gequält, wenn du
Durch blaue Fernen flogst –!!

HILARIO *sehr hart*

Nicht lügen!!
Dein schwaches Herz versagte, als es galt,
Die Enge zu durchbrechen. Was dich zwang,
Nennst du nun »Pflicht« und »Treue –«

GERUNG *leise*

Du schlägst mich –!!

HILARIO *rührt ihn an*

Warum bist du so schwer –?
So nachtverkrampft – –

GERUNG *wendet sich jäh, liegt an seiner Brust, aufschluchzend.*

HILARIO *hat ihn in den Armen*
Blick auf: die Welt!
Ein nie Begriffnes, ewig neugeschenkt!
Blick auf: das Leben. Bunt,
Von Nordlicht oder Tropenmond durchhellt,
Von brausenden Strahlen des Raums bespült –,
So klein – so einfach – so –:
Ein lächelndes Erstaunen, wenn der Regen fällt ...

GERUNG *löst sich*
Ich – beuge mich –

HILARIO
Nicht beugen!
Hand in Hand –!

GERUNG
Ich will im Schatten stehn –

HILARIO
Freund –! *Schweigen*

CHRISTA
Dort! Dort!!
Flieht von der Tür, birgt sich bei Hilario.

JULLE ROTHENDEL *im Fenster, halb schon im Raum, beugt sich weit vor, starrt Hilario an.*

CHRISTA
Hilf mir!!

JULLE ROTHENDEL *gleitet langsam vom Fenster herab, wiegt sich wie eine Katze vor Hilario.*

HILARIO *geht auf sie zu – sie weicht zurück. Beide sind ganz im Vordergrund, gleichsam allein.*

JULLE ROTHENDEL
Du –
Schwarzer Sturm der Küste –
Südkorallenmeer –
Waldgott aus Schlinggewächsen äugend –
Wildes Tier – –

HILARIO *dicht vor ihr*

Wie beizender Geruch aus Raubtierhöhlen
Wehst du mich an –
Bist du das Urwaldraunen –
Zug zum Nebelpol –
Geheimnis gelbgefleckter Orchideenblüten –:
Daß, wie ein Hirsch von Pumatatzen hingestreckt,
Und wie ein reißend Wild auf Beuteblut gebannt,
Ich an dir hafte – –

JULLE ROTHENDEL
Du –
Vor dem ich zittern muß –
Hab Gnade – –!!

HILARIO *befreit, streckt ihr die Hand hin*
Faß mich an!
Die wunden Tiere unter dieser Hand
Genasen oft von Angst und Todesqual – –

JULLE ROTHENDEL *gellend*
Jochgesicht!! *Hinaus*

CHRISTA
Sie ist böse –

JULLE ROTHENDEL *draußen*
Holle! He! Die Raben! Die Raben!
Jagts Wild in Graben!
Schuhu – Schuhu –
Pack zu –!!

CHRISTA *an der Tür*
Sie holt die Männer –
Sie töten euch!!

GERUNG *verwirrt, faßt Hilario an*
Hinaus – –

HILARIO
Warum bist du vom Joch herabgestiegen!

GERUNG
Weil ich – helfen – muß –

HILARIO
Dann bleib!!

GERUNG *bleibt.*
Kutter und Heul atemlos

Kutter

Christa –!! *Christa sinkt zu Hilarios Füßen. Bauern im Halbkreis*

Hilario

Ich will euch sagen, wer ich bin!
Ein Jochherr schlief mit einer Magd im Dorf.
Schwer trug sie mich im Schoß.
Was andre jubelnd in die Himmel wölben,
Barg sie in Scham –
Und als die Stunde kam,
Schlich sie wie eine Katze stumm
Ins Dunkel und erlosch.
Zu ihrem Todeshauch
Sang ich mein erstes Lied im roten Beerenstrauch.

Aufwuchs ich zwischen Wald und Felsenschlucht.
Als mich der Jochherr schlug, floh ich ins Holz.
Als mich ein Bauer trat, ward meine Stirne rot vor Stolz.

Nachts ging ich über die Brücke, es sind Jahre her.
Die Wälder hingen stumm vor meiner Flucht,
Ein gütiger Vorhang.
Nun hab ich ihn aufgerissen –
Alles Licht,
Das meine Augen tranken in der Welt,
Werf ich auf euch –!!

Kutter

Unser Tal ist eng.
Sparbrot heißt unser Dorf. Joch unser Berg.
Hart ist unser Herr.
Du bist von einer Sonne braun, die uns nicht scheint.
Warum kommst du in meine Hütte?!

Hilario

Christa!!
Sie erhebt sich, tritt neben ihn, nimmt seine Hand.

Hilario

Ich traf sie in der Nacht.
Dir will ich Freund sein, Helfer!

Kutter

Ich will keinen Freund,
Brauch keinen Helfer!

Christa
Vater – –
Kutter
Mach dich fort!!
Heul
Ich will kein Weib, das nachts mit Strolchen läuft!!
Julle Rothendel
Wollt ihr noch Spott sein für die Herrn!?!
Hilario
Ich bin kein Herr!
Kein Führer!
Bin ein Mensch,
Wie ihr – –
Kutter
Was willst du hier –?
Hilario
Euch leben helfen.
Nicht mehr im Fiebersumpf – – nicht mehr im Tanz
Der irren Lichter über morschem Holz –
Frei strömt euch aus – Firnwind der Wolken teilt –
O Schwebeflug der großen Adler – uferlos
Aufkreisend in den goldnen Kreis der Sonnen –!
Schmene *draußen*
Christa – – *hetzt herein*
Wer seid ihr alle? *Bei Christa*
Bauern
Jochweib – Dreckleib – He – He –
Schmene *zu Christa*
Ich floh vom Joch –
Der Herr rast durch die Räume –
Peitscht uns wie das Vieh –
Der Bauerngott – im Kerker – ohne Brot –
An Ketten – oh – die Ratten –!!
Kutter
Auf!!
Wer jetzt noch schaffen will,
Schafft für den Tod!!
Die Sensen auf die Schultern!! *Ab*

Bauern
Auf!!
Ins Joch!
Wir stürmen!!
Der Junge *packt Schmene an*
Führ uns!
Schmene
Laß mich!
Der Junge
Uns mußt du dienen!
Den Spatenherren!
Schmene
Reißt mir die Kleider vom Leib –
Brecht mir das Herz aus der Brust –
Seht eure Laster drinnen –
Eure Schuld –!!
Bauern *Auflachen. Aufbrüllen. Alle stürmen hinaus. Schmene wird mitgeschleppt. – Bleiben in der Hütte: Christa und Heul, der sie belauert. Gerung, Hilario*
Gerung
Madelon –!!
Hilario *hört ihn nicht.*
Gerung
Bist du blind –?
Sie stürmen!!
Hilf – – *Rennt hinaus, Schweigen.*
Hilario *mit geschlossenen Augen*
Ist nicht die Erde ein kristallnes Haus
Mit Wänden, die die Strahlen spiegelnd brechen.
Wir strömen uns in ihre Fernen aus,
Wir rasen wirbelnd über Riesenflächen,
Wir greifen an den Feuerkranz der Sonnen
Und sind doch stets in Körper eingesponnen –

Du Körpergrenze – unermeßner Saum –
Die Augen, die beschwert nach innen sanken
Begreifen jubelnd, daß die Berge schwanken,
Und alles wächst in Kreisen wie der Baum.

O Brüder! Laßt uns in die Himmel schauen
Und ohne End nach allen Seiten bauen –!!

CHRISTA *tritt neben ihn, ganz leise*
Lieber –!

HILARIO *nimmt ihre Hand*
Komm.

HEUL *brüllt furchtbar auf, bricht in die Knie*
Mir – –

HILARIO *fährt zusammen, wendet sich ihm zu.*

CHRISTA *klammert sich an Hilario.*

HEUL Mir nehmen –!!
Nehmen –

CHRISTA *hilflos*
Es muß –

HEUL
Muß stets – was schmerzt –?!?
Langes Schweigen; dann löst sich Christa von Hilario, schreitet zitternd zu Heul.

HILARIO
Tu ihm gut – – *Er geht.*

CHRISTA *steht unschlüssig bei Heul.*

HEUL *lauert.*
Schweigen. Plötzlich packt er sie am Arm. Heiser
Ich hab dich – Ich hab dich –
Christa –
Christa –

CHRISTA *reißt sich los, wild*
– Kann nicht –!! *Flieht*

HEUL *taumelt. Dann reißt er den Schmiedehammer hoch – tonlos*
Aus –!! *Rennt ihr nach.*

DRITTE SZENE

Raum im Joch. Nacht. Falbes Licht durch gitterne Fenster. Links eine schmale, schwarze Tür, verschlossen

LENHART

Die Tür muß ich bewachen, die ganze Nacht,
Eiserne Gitter hab ich vor alle Fenster gezogen,
Daß keiner an Seilen aus dem Abgrund steigt,
Oder aus den Lüften kommt,
Wenn die Gewitter klirren, und alle Brücken hab ich hochgezogen,
Könnt ich noch einen Feuerwall rund um den Berg machen,
Oder ein Meer ohne Boden, hundert Meilen breit.
Aber wer sagt mir, daß dann nicht einer irgendwo aus den Ecken taucht,
Den plötzlichen Ecken, die uns anspringen,
– Oder daß sie sich aus Staub und Kerzenwachs Einen macht,
Der dann in meinen Räumen umgeht, mich zermürbt,
Mein Blut saugt, meine Luft veratmet, meine Lust säuert,
Wie unsichtbar Gewitterschwüle Milch verdirbt – –
Es ist schon einer in der Luft. Ich spüre seinen Griff im Genick,
Ein böser Griff, ich kann mich nicht wehren, er läßt mich nicht los,
Durch keinen Wein, durch keinen Weibgeruch treib ich ihn fort.
Überall ist ein Lauern um mich herum,
Warum steht immer Nebel im Tal,
Warum hocken die Bauern so in ihren Hütten,
Es ist, als ob man sie murmeln hörte in den Nächten,
Immer ein Wort, immer das gleiche Wort!
Wenn sie doch mit Keulen kämen, mit Feuerblitz aus Rohren,
Heulen und Gebell!! horch, horch!!
Wirft sich zu Boden, preßt das Ohr an die Erde
Fängst du auch an, aus der Tiefe du, wehrlos in Ketten du,
Gefangener, Gefesselter, willst du mich auch verhöhnen,
Sitzt auch unter der Erde einer, der das Wort spricht,
Das mich hetzt und peitscht, – *springt auf, stampft* –
Kerl, warum schreist du nicht –! Warum schreist du nicht –!!
Sie sollen dir nichts mehr zu essen geben,
Ich will dich brüllen machen, oder schweigen – schweigen – –

Wenn aber alles schwiege, die Luft, die Steine schwiegen,
Die Menschen alle, die Tiere mit vernähten Mäulern gingen,
Stumm, Fluß nicht mehr rauschte, Donner nicht mehr knurrte,
Licht nicht mehr orgelte im Aufgehn – –
Dann ächzte es aus meinem eignen Atem in mein Ohr,
Dann malte es ein roter Finger gräßlich über den Horizont,
Dann hüpfte es immerzu aus meinem Herzschlag – tick – tick –
Tick – hör auf – hör auf –!! *Bricht in die Knie*
Gott, was hab ich getan,
Was hab ich getan, daß es mich so verfolgt! *Kriecht an die Tür, schlägt mit dem Kopf auf die Schwelle, spricht in den Bodenspalt*
Hab doch Erbarmen mit mir. Hab doch Erbarmen!
Ist es denn unrecht getan, ich hab dich einem Händler abgekauft,
Weil du so fremd und selten warst,
Ist es denn böse, daß ich nach dir griff,
Ist es nicht schlecht und sündhaft, daß du mich nicht hinnimmst,
Du, ein Weib, daß du dich deinem Herrn entziehst,
Der dir bestimmt ist, daß du fremd und selten bliebst
Unter diesem Dach, daß du mich quälst, quälst!!
Immer war es gut, wenn ich ein Weib nahm, eine Jungfrau,
Daß ich ihr Schmerz schuf zuerst, dann hat sie mir gedankt,
Ich hab sie immer erst geschlagen, weil nur der Schmerz
Durch ihre letzte Haut greift, an den Lebenskern. – –
Warum ist deine Nacktheit so herb, daß ich erblindete,
Als ich dein Hemd zerriß,
Daß ich hinsiechen muß vor deiner Schwelle,
Daß meine Stoßkraft stirbt an deinem Blick,
Daß meine Wut verröchelt wie ein wunder Hirsch – –
Fährt auf, springt in die Höhe
Schritt! Schritt im Joch! ein fremder Takt!
Ein Luftzug weht mich an, ein Lichtkeil schlägt mir ins Gesicht –
Hilfe – – wer kommt –!!?

HILARIO

Bruder –!

LENHART

Sieh mich nicht an!
Gereckter Racheengel –!
Geh an mir vorbei!!

Ich bin nicht schuldig –
Klopf an dieser Tür!
Dort ist die Schuld! Die Sühne!! *Will hinaus.*

HILARIO *vertritt ihm den Weg*
Bruder –!
Kennst du mich –?

LENHART
Nie hab ich einen Bruder gehabt.
Der mich so nannte, war kein Mensch.
Im Tal gemacht. Von einem Bauernweib.

HILARIO
Der bin ich.

LENHART
– –
Wer hat dich hereingelassen?
Warum kommst du hierher?
Was willst du von mir – –?
Willst einen Platz in meinem Troß?
Schwert führen gegen dein Geblüt im Tal?
Recht so! Komm mit!

HILARIO
Ich will das nicht.
Nur leben –:
Ein Blatt. Das wächst aus einem braunen Ast,
Färbt sich, dehnt seine Ränder, dreht sein Angesicht
Der Sonne zu, wird grün, beginnt zu leuchten, und erlischt. –
An seinem Leuchten ist der Stamm, aus dem es ward, gewachsen.
Spürst du das –?
So leben:
Staub sein, windverweht –
Und wehender Wind –!

LENHART *erschauernd*
Laß mich –

HILARIO
Bruder!

LENHART
Nein!! *Rennt hinaus.*

HILARIO

Ist hier kein Tier, mit dem sich leben läßt –
Kein Gaul – kein Hund, der mir die Hände leckt,
Dem ich die Pfoten küsse – – *Blickt sich um*
Jochgestein ... Ein ragender Basalt
Und rot im Tal
Aufwogend Blut – –
Euch ist noch Schuld ein Dunkles, allen aufgejocht,
Ihr geht noch einen Weg, der euch beschwert,
Und was ihr tut, muß bitter sein und dumpf,
Daß dieser Weg zu Ende kommt. Zu Ende. *An der Seitentür*
Rasten will ich nicht,
Bis alle Pforten springen,
Bis der Schrei verstummt,
Die glühende Achse, drin die Welt sich dreht,
In meiner Hand – – *Er pocht*
Spring auf! Spring auf! *Er pocht – tritt weit zurück.*
Die Tür geht langsam auf, Madelon tritt in den Rahmen.

MADELON

Wer ruft mich in die Nacht –?

HILARIO *unbewegt*

MADELON

Es schlich einer um meine Tür
Und schnob seinen heißen Atem durch die Ritzen.
Aber der Schlaf stand vor mir,
Eine alte Frau mit breitem Mantel, der mich barg.
Da fiel ein Ton in meinen Traum, schlang sich um meinen Leib,
Wie blühende Geißblattranke, zog mich hinauf,
Hinauf, durch die gläserne Kuppel der Dächer, schwebend, schwebend,
Und wunderbar in samtenes Blau getaucht. –
Ich hab mich viele Nächte lang in Schlaf geweint.
Doch in diesen Nächten, seit ich schuldig ward,
Seit ich einen Menschen hinaustrieb in den Untergang –
Seit ich dies tat, um mich zu retten – –
Seitdem sind meine Augen heiß und trocken
Wie Sandsteine im Mittag.
Du mit dem dunklen Haar,

Sternwimpermann:
Sag mir, ob ich gestorben bin,
Daß mir so leicht ist um Fers und Hüfte,
Sag mir, daß ich im Schlaf wieder ein Kind ward – – – –

HILARIO *streckt die Arme nach ihr aus.*

MADELON
Immer hab ich gewußt, wenn einer mich schlug, mich angriff,
Oder wenn einer vor mir litt, am Boden, ohne Kühl –
Immer hab ich's gewußt, daß dies nicht das Ende ist,
Daß Grausam-Sein kein Garten ohne Tor – –

HILARIO *schreitet langsam auf sie zu.*

MADELON
O sprich noch nicht! Laß erst die Schleier sinken –
Daß wir im Du im dunklen See ertrinken – –
Breitet die Arme, rückwärts entschreitend. Hilario folgt ihr. Die Tür schließt sich hinter ihnen. Musik minutenlang

CHRISTA *ist, als Hilario zum zweiten Mal pochte, unbemerkt eingetreten. Nun kniet sie vor der Tür, ihr Kopf sinkt auf die Schwelle.*

SCHMENE *huscht herein*
Mit Schlägen haben sie mich hinaufgehetzt.
Armselige Welt,
Ich schlürfe deine Schläge dürstig ein.
Ich sammle, was zerschneidet und entstellt,
Ich will gepeitscht, ich will geschlagen sein.
Und eines Tags stoß ich den Himmel ein
Auf meiner Schmerzen Berg, und steh allein –!!
Bemerkt Christa
Du – anemonenbleich der Nacht entrungen –
Heb dein Gesicht
Zu mir empor. Wer hat dich hingezwungen?
Dein Körper bebt wie ein verflackernd Licht.

CHRISTA *steht auf, nimmt ihre Hand*
Mein Herz in Freude bebt.
Mein Auge taut
Tränen des Glücks: Die himmlische Braut
Hab ich geschaut. Die Liebe lebt.
Ich bin mit dir – wir alle sind verwandt.
Versunkner Opfergang – ertrunknes Leiden –

Ein offner Kelch, in den die Säfte gleiten –
Mondantlitz, kreisend über dunklem Strand. *Sie geht.*

SCHMENE

Ich weiß nichts von den Sternen, die du schaust.
Ich bin ein Tier. Ich kaure tief im Kot.
Ich werfe meines Leibes Not
Wie eine Säule Blut ans Firmament, das Rache braust.

LENHART *mit einer Peitsche, treibt Lux vor sich her*

Bleib stehn! Bleib stehn!
Ich tu dir nicht weh! Es ist nur, daß die Quelle
Endlich aus dem Stein geschlagen wird,
Blutsprudel über die Wüsten –!
Hat sie erreicht, zwingt sie zu Boden
Sein muß es! Sein muß es! Seid ihr nicht selber schuld,
Mit euren Schmeichelbrüsten, Schaukelhüften,
Mit eurem Herbstwaldgeruch, der uns durchs Hirn taumelt,
Irrsinnig, verzehrend – –
Dürsten – dürsten
Es ist, wie wenn man einem Halbverschmachteten
Meerwasser in die Kehle schüttet, tausendfachen Brand
In Mund und Adern, und von Horizont zu Horizont
Meerwasser wogt, die brennende Feuchte, höhnisch aufgewühlt –
Meerwasser – –
Weib – –
Geliebte – –
Dürsten – dürsten – – *Schlägt zu.*

LUX *Aufschrei, reißt sich los, entflieht.*

SCHMENE *schnellt aus dem Schatten, wirft sich vor ihn hin*

Mich peitsche du!
Mich peitsche!
Peitsche – – – – – – – – – – – –

VIERTE SZENE

Raum in Kutters Hütte. Tür und Fenster klaffen. Christa, allein, kommt suchend von der Straße.

CHRISTA

Ach, es ist alles leer – –
Wo seid ihr hin, Harrende, Hoffende,
Denen ich Kunde bringen muß, Hauch
Von der Genesung –?
Seht doch, die Mauern fallen von selbst.
Die Gräben der Trennung sind von Liebe überdacht.
Der Sumpf wächst zu. Lichtwurzel saugt ihn auf, –
Sternblume blüht durch euer Blut
Und schüttet ihre Samen in den Sturm,
Daß er die fernste Insel im Korallenmeer befruchte.

Ach, es ist alles leer – –
Das Vieh brüllt in den Ställen, ungetränkt.
Die Ratten pfeifen durch die Straßen. – Blind
Hocken die Häuser da –

Wo seid ihr hin? Geliebte, die ich nie
Berühren durfte?
Nun ich sagen kann,
Was in mir schwieg, bin ich allein –
Der Vater fort. Der Mann,
Der nach mir schrie, die Hand,
Die nach mir griff,
Nun ich geben will,
Ist keiner da zu nehmen.
Kahle Wand – –
Wohin –?
Wohin – –

SPINNERICH *steht in der Fensterhöhle.*

CHRISTA

Armes Gespenst der Süchte, dumpfes Du,
Zerquält, zertreten, stehst du nun gereckt

Im leeren Raum, Hohnfratze meinem Ruf
Und greifst nach mir, gierfingrig, blinde Faust
Des – Zufalls –? *In die äußerste Ecke fliehend*
Schon mich! schone mich! Mag Menschenfuß
Ins Grab mich stampfen, mag ein Himmelswind
Auslöschen mich! Nur nicht so tief
Im Fiebersumpf ersticken! Nur nicht so
Von giftigem Speer zerstoßen, hingebohrt
Ins Nichts. – –

SPINNERICH *springt in den Raum, streckt die Hände nach Christa, kauert sich nieder, wimmert.*

CHRISTA

Oder bist du die tiefste Armut –!
Bist du nicht Zerrbild: Spiegelblick der Not –?
Du Satz im Kelch der Leiden! *Geht auf ihn zu.*

SPINNERICH *wimmert, wie in Angst.*

CHRISTA

Schlug man dich so sehr,
– – du müdes Stumpfgesicht – –
Streichelt ihn
Was bebst du? Spürst du nicht
Daß ich dich liebe?
Ach, mir ist,
Als hätt ich Kraft, die Steine zu erwecken!
Kniet neben ihm, hält seinen Kopf
Leid der Welt,
Wie Wiegenkind in meinen Arm gelegt,
Ich will dich wandeln!
Will dich wandeln!
Will –

SPINNERICH

Ich –!! *Schrillt in die Höhe, packt sie an.*

CHRISTA

– dich wandeln –
Hilfe!!

Vierter Akt

ERSTE SZENE

Wald, Abend, Lux, Schmene

SCHMENE
Er hats mit einer Geiß gemacht.
LUX
Wer –?
SCHMENE
Der Spinnerich! Oh –
Augen wie glühende Kohlen groß
Sprang er mich an
Im Traum – –
Dann war ich eine Geiß
Dann war ein roter Wurm,
Der schnürte mir den Hals
Und schnob
Blut in die Lüfte –
LUX
Horch!!
SCHMENE
Was ist?
LUX
Hilfruf im Wind –!
SCHMENE
Stets ruft der Wind um Hilfe! Immer streicht
Die Klage um das Joch –
LUX
Horch!! Noch einmal! ein Weib!

SCHMENE
Ach, was geschieht? Was ist geschehen?
Wühlt euch in Schlamm! Entblößt
Rotstriemige Narben, brecht sie wieder auf
Und schwemmt mit Blut die Erde! Welt vergeh!
LUX
Der Herr! Er holt uns ein!!
Hilf Gott!! Die Peitsche! *Rennt fort.*
LENHART *zwischen den Stämmen, heiser*
Schmene –! Schmene –!
SCHMENE *weicht aus, lockt hinter Bäumen*
Komm doch – Komm –
LENHART *ihr sprungweise folgend*
Schmene –! bleib stehn! Schmene –
Schmene –! Schmene –!
SCHMENE *weichend*
Es dämmert – auf den Wiesen sind
Mondlaken lockend – –
Du –! Komm mit – –
LENHART *folgt ihr*
Schmene – –

ZWEITE SZENE

Schlucht im Gebirge. Nacht. Wachtfeuer fern

BAUERN *in Gruppen bewegt, neue herandrängend*
Wir wollens Gott im Himmel klagen,
Kyrieleis –
Daß wir die Herren nicht zu Tod sollen schlagen,
Kyrieleis –
STIMME
Wer hat die Wacht?
MORGENSTERN
Was Wacht? Wir wollen stürmen!
Sollen wir steif stehen in den feuchten Schächten der Finsternis –
Sollen wir nicht aufbrechen endlich, herauf,
Aufreißen, stoßen durch, wo die Welt verhängt ist uns,

Tag machen!!

STIMMEN

Auf!
Hinauf!
Hinauf!

MORGENSTERN

Recht so!
Schreit, bis die Kehle blutet!
Keine Stunde mehr
In dumpfer Nachtwach brüten!

Eh der Morgen graut,
Sind wir im Joch! Das Dunkel hilft!

Die tausendköpfige Schar
Erwachter Sklaven hinter uns – das Dorf im Tal
Verlassen, Mann und Weib
Mit Sense, Hark und Spaten auf dem Marsch,
Das Ziel heißt: Rache, Blut und Leben!!
Schrankenlos –

MODER *feindlich neben ihm*

Ich führe!!!
Aus den Hütten hab ich euch geholt,
Ich hab euch wach gepeitscht,
Das Joch zerbrochen, das die Flechsen lähmt,
Angstbinden riß ich vom Gesicht.
Wer will mich treiben? Schweig!!
Du hast die Wacht!!

MORGENSTERN

Hast du auch mir
Die Binde abgerissen: seh ich dich –
Scheeläugiger Betrüger,
Um die Bestie schleichend
Willst du die Zähne brechen,
Eh sie zugepackt –??
Hört her! Nun reiß ich ihm
Die Maske vom Gesicht!
Der hat den Bauerngott ins Joch verraten!

Alle
Rennt ihn um!!
Moder *ist verschwunden.*
Morgenstern
Die Nacht hat ihn verschluckt!
Der Führer fiel! Nun führt euch selber!
Auf! Nicht zaudern! Stürmen!
Alle
Stürmen! Stürmen!!
Morgenstern
Wir wollens Gott im Himmel klagen –
Bauern
Kyrieleis! – Kyrieleis –
Stimmen
Wir wollens Gott im Himmel klagen –
Viele
Kyrieleis –
Abziehen

DRITTE SZENE

Stall. Christa trägt Wasser.

Christa
Ich bin die niedrigste Magd.
Ich schreite von Stall zu Stall.
Alle Brunnenseile sind gerissen:
Aber ich muß die verlassenen Tiere tränken.

Ich bin von Gott zerstört.
Mein Name ist ausgelöscht.
Zu viel Schatten düstert auf der Erde.
Es können nicht alle Menschen Gottes Kinder sein.

Mein Leib ist rinnendes Wachs.
Meine Augen sind bergversunkene Kristalle.
Immer hängen blaue Schleier vor der Sonne.
Warum hast du mir wehgetan.

Ich bin von Schmutz beleckt.
Meine Tränen trüben das Wasser.
Aber um die Berge des Westens diamanten

Die Abendstrahlen. Ohne Zahl
Sind Regenbögen tröstlich ausgespannt.
Der Äther wogt. Gestirne kreisen
Langsam einander zu: Wie feierliche Musik.

Einst werden wir alle kreisend verschmolzen sein.
Hymnische Chöre füllen den schwingenden Raum,
Suchen ist Finden. Rasen ist Ruh. Die Tiere
Wissen von dieser Zeit und wiegen die Häupter.

VIERTE SZENE

Dämmerung. Schmene, flüchtig

SCHMENE
Blutige Lanzen stechen durch die Nacht –
Es ist, als hörte man den Strom
Laut durch die Felsen ächzen –
Ich hab einen Giftbaum gefällt
Aber er hat mich im Sturz erschlagen –!
Ich hab einen Schatten aus dem Licht getilgt
Nun steh ich da,
Gnadlos umflammt,
Den armen Narbenleib
Von Scham zerschunden – *Ab*

BAUERN, *darunter Heul, Julle Rothendel, schleppen gefesselt Lenhart heran.*

HEUL
Zum letztenmal!
Willst du nicht reden?

LENHART
Pack! Gestank!

Heul

Seht her!
Ich würg ihn langsam!
Seht!! So hat man uns gewürgt!!
So würgt den armen Mann die Fron, der Hunger, Halsgepreßt,
Verhaßte Arbeit, Frost, der Hagelsturm,
Die Dürre, Rinderpest, der schwüle Tod,
Die hohle Angst, die Nächte ohne Rausch,
Der Schreck, das Grauen -- *Läßt von ihm ab.*

Julle Rothendel *packt ihn an*

Auf du! Wir wollen tanzen!
Sing ein Lied dazu.

Lenhart *reißt sich los*

Ich hab immer vom Joch herab gesungen,
Aber ihr habt mich nicht gehört!
Nun bin ich heiser. Ach!
Ein armer Mund voll Durst, den keiner tränkt.
Warum tanzt ihr nicht? Warum würgt ihr nicht?
Sie glotzen wie die Toten --
Heee –!!
Wär ich ein Knecht – wie wollt ich würgen –!! *Jäh*
So brüll ichs in die Nacht. So schrei ichs in die Ohren –
Durch die Schluchten gellt
Die Todposaune: End der Welt!!
Was atmet, ist verloren –!!

Heul *aufrasend plötzlich*

Christa –
Christa – *Schlägt ihn über den Kopf.*

Lenhart

Gnade!!

Bauern *aufbrüllend, reißen ihn nieder, zertreten ihn.*

Kutter *tritt auf, allein im Vordergrund*

Gnade? –
Wer hat uns das gelehrt? Ich weiß das Wort
Nur von dem Schrei Besiegter vor dem Stoß.
Von Winselqual
Auf kalten Kirchenfliesen, schmerzgehöhlt.

Ihr auf den Bergen ihr, Wächter der Sonne,
Hüter des Lichts – Über die Täler hin
Hohl
Hallt unser Ruf. Die Felsen
Werfen ihn doppelt zurück. *Es ist Stille eingetreten.*

EINER
Wohin?

RUFE
Schmene –
Schmene –

DER JUNGE
Ist sie fort –?

JULLE ROTHENDEL
Hier ist die andere Magd! *Stößt Lux vor.*

DER JUNGE
Den Weg! Ins Joch!

LUX
Ich weiß nicht.

DER JUNGE
Den Weg!

LUX
Was habt ihr meinen Herrn erschlagen!!

DER JUNGE
Deinen Herrn?
Der dich zerpeitschte?!
Deinen Herrn –?

LUX
Es war – mein – Herr –

DER JUNGE
Den Weg!!

LUX *zögert – jäh aufflackernd*
Ich will euch führen – *Alle ab*

SCHMENE *tritt auf*
Der Wald ist tot. Not echot zwischen Stämmen:
Dornbusch tat sich auf,
Darin sie starb. *An der Leiche Lenharts*
Oh –
Was beißt dein Kiefer Erde? Starrt dein Aug

Blutglotzig in den Morgen? Steh, und geh!
Im Joch ist Hochzeit, Kerzensglanz, Musik,
Weinstrom und Jubel! Lauf hinauf.

Er regt sich nicht. Das ist ein Bräutigam,
Der seine Nacht im Wald verwacht! und hat Rubin
In breiten Perlen um die Stirn gereift.
Ruh gut, mein Herz! *Kauert sich nieder, streichelt sein Haupt.*

FÜNFTE SZENE

Raum im Joch, Tür rechts. Bogenfenster voll Himmel. Madelon ruht, Hilario kniet neben ihr.

MADELON *im Halbschlaf*
Ist es schon Tag?
HILARIO
Reif steht er überm Land.
MADELON
Hell war die Nacht.
Wie Sommers über Fjorden. Schwebend ausgespannt.
HILARIO *steht auf*
Aber die Fittiche des Morgens sind noch über diese Helle hinausgebraust.
Pfeilbündel Sonne donnerten rot im Raum, Wolken
Flammten im Wind, aus den Tiefen der Berge schlug metallische Faust.
MADELON
Was ist mit mir –?
Wenn ich die Augen schließe, hab ich es immer im Ohr.
Rot malt es mir unter die Lider.
Aber es ist kein Traum – – – *Richtet sich auf*
Bist du noch da?
HILARIO *bei ihr*
Bist du noch da?
MADELON *nimmt seine Hand*
Nun hab ich deine Stimme getrunken.

HILARIO
Sprach ich zu dir in dieser Nacht?
MADELON
Was war in dieser Nacht, ist eingesunken,
Hat mich zerstört und hat mich neu gemacht.
HILARIO
Wer bist du?
MADELON
Frag ich dich?
Wir wollen das Wort vergessen,
Da wir nun liegen dürfen ohne Scham und Brand.
Was unser Mund gibt, sei, an keinem Sinn gemessen
Stammelnde Form wie Kinderspiel im Sand.
HILARIO *stumm, neigt sich über sie. Reißt sich hoch, horcht, springt auf.*
MADELON
Was macht dich zittern?
HILARIO
Ich höre –
MADELON
Was hörst du?
HILARIO
Brausen der Welt –!
MADELON
Horch in dein Blut.
HILARIO
Ich darf nicht –
MADELON
Horch in mein Herz!
HILARIO
Ich kann nicht!
Hoch
Jammert ein Ton,
Weh,
Daß ich ihn löse –!
MADELON
Trink ihn, bittersten Quell,
Trink ihn gläubig und gib

All seine Sturzflut schütternd über mich her.
Das löst
Letztes in Liebe.

HILARIO *stürzt über sie*
Nimm mich!
Nimm mich!
Wandle mich hin!

MADELON *schrickt aus der Umarmung, reißt sich hoch, horcht, springt auf.*

HILARIO
Was macht dich zittern?

MADELON
Ich höre –

HILARIO
Was hörst du?

MADELON
Brausen der Welt –

HILARIO
Horch in dein Blut!

MADELON
Ich darf nicht!

HILARIO
Horch in mein Herz!

MADELON
Ich kann nicht!!
Hoch
Jammert ein Ton,
Weh,
Daß ich ihn löse –!

HILARIO
Trink ihn, bittersten Quell,
Trink ihn gläubig und gib
All seine Sturzflut schütternd über mich her.
Das löst
Letztes in Liebe –!

MADELON
Nimm mich!
Nimm mich!
Wandle mich hin – *Stürzt über ihn.*

HILARIO *gleichsam erwachend*
Ist es schon Tag –?
MADELON
Reif steht er überm Land.
HILARIO
Hell war die Nacht,
Wie Sommers über Fjorden. Schwebend ausgespannt.
MADELON
Aber die Fittiche des Morgens sind noch über diese Helle
hinausgebraust,
Pfeilbündel Sonne donnerten rot im Raum, Wolken flammten
Im Wind, aus den Tiefen der Berge schlug metallische Faust.
Und in die Herzen trat ein Ahnen: Der Tag –
HILARIO
Und ich wußte da: Es gibt einen Stundenschlag!
Eine Zeit, vor der die Zeiten wie kleine Brandungswellen hinrollen,
Licht, das uns eintrinkt, Ruf, der uns aufsaugt,
Dom, der uns immer umwölbt, der uns immer begräbt,
Den wir jubelnd in trunkener Vielfalt vernichten und
schichten sollen. –!
MADELON *bettet sein Haupt*
Schlaf ein.
Durch deine Lider bricht himmlischer Schein.
Kind an mütterlich strömender Brust,
Silberner Mond über Stirne gebogen.
In meines Blutes rosenen Wogen
Wieg ich dich ein. *Sie entschlummern.*
MARTIN GERUNG *dringt ein, zerstörtes Antlitz – zieht Christa am Handgelenk mit sich, gewahrt Madelon und Hilario schlafend, klammert sich an Christa.*
CHRISTA
Sei leise!
Dies ist das Geheimnis!
GERUNG
Warum hast du mich hierher geführt? – –
CHRISTA
Du kamst zerstört auf meinen Weg,
Ich geh hinauf wo Friede ist, zu retten vor dem Sturm.

Gerung

Friede? *Lacht auf*
Gott – Gott – Gott – Gott –
Ich bin dreißig Jahre alt, aber seit tausend Jahren
Gehe ich auf dieser Erde um und suche – –
Sucht Ahasver den Frieden, sucht der irre Geist das Grab? Die Ruhe? Das Versunkensein?
Ach –: Leben! Leben!!
Einmal an der Glut
Entbrannten Stoffs hinschmelzen, selbst in Glut,
Und ausgebreitet auf der Erde sein, und steil im Himmel,
Und im Wolkenwind hinfliegend und im Mittagssäuseln
Sanftes Neigen, Sonnenblume groß und samenschwer – –
Meine Kraft hab ich an Demut gegeben.
Meiner Glieder Lust an Qual, meine Hand in Nesseln, meine Stirn in Staub! *Nähert sich dem Lager vom Kopfende*
Tot hab ich mich gestellt, daß ich kein Gran verbrauchter Luft euch stehle,
Euch, den Winkern vom Berg, den Rufern im Streit, den Südlichen – den Glühenden – –
Aber ich hab mich belogen. Bitter belogen.
Es ist keiner unter euch, für den auch nur ein räudiger Hund
Sein Recht aufgeben müßte, im Licht zu stehn!
Es ist keiner da, der in den Himmel zeugte!!
Alle in das Loch,
Aus dem die Fieber quirlen! Ekel –! Blutgeruch!
Verruchter Rausch, verseuchte Lüste –
Mord –!!
Zieht eine Waffe, stößt sie in Hilarios Brust, bricht hinter dem Lager zusammen.

Furchtbarer Widerhall

Mord –!!

Christa

Mord –

Hilario *richtet sich langsam auf, während Madelon weiter schläft*

Wer tat mir das?
Aber es fiel aus den göttlichen Gewölben in meine Brust,
Daß ich hingehe nun in Fülle,
Und ich darf jubelnd versinken im ewigen Licht.

Über deinen Schlaf, du, will ich gießen rote Liebesflut,
Purpurmantel der Freude werfen um deine Brust,
Leben lehrtest du mich –!
Und es ist gleich,
Ob ich nun sterbe, denn ich bin ganz von Seligkeit erfüllt –
Leben ist Leuchten!

Leuchtende Wandelkraft aus Erdenschoß und Sternen.
Leben – ist – Leuchten – Oh –
Ich will wieder geboren werden!
Ich will wieder geboren werden!! *Stirbt*

MARTIN GERUNG *kriecht zu Füßen des Toten, preßt sein Angesicht in dessen Füße.*

CHRISTA *geht hin, faßt Madelons Hand, weckt sie auf*
Komm
Nun ist Abend worden.
Daß wir noch vor Nacht
Die Ausfahrt finden –

MADELON *fast noch im Schlaf*
Wohin –?

CHRISTA *zieht sie mit sich fort*
– Denn du mußt leben –!

MADELON *ihr traumhaft folgend*
Schlaf ein – schlaf ein –
Durch deine Lider bricht himmlischer Schein
Kind an mütterlich strömender Brust,
Silberner Mond über Stirne gebogen,
In meines Blutes rosenen Wogen
Wieg ich dich ein. *Ab, mit Christa*

SECHSTE SZENE

Kerker im Joch. Bauern leuchten mit Fackeln, Heul mit einer Harke bricht die hintere Wand auf.

BAUERN *nachdringend*
Suchen –!
Suchen –!!

Heul

Stein poltert auf Stein.
Das Eisen stumpft.
Die Harke zieht nicht mehr.
Kalkstaub brennt mir die Augen aus.
Aber wenn ich mit blutigen Nägeln tausend Mauern
Durchkratzen muß, – –
Ich finde sie! Ich hol sie heraus!

Bauern *schwer*

Wir haben zur Nacht die dornichten Wälder durchbrochen.
Wir sind über kahlbrandige Felsrücken gekrochen.
Wir klopfen, wir klopfen die steinige Erde entzwei.
Ruhlos treibt der lebendige Schrei!

Heul *immer harkend*

Christa! – Christa! –
Ich hab dich solang geliebt, daß mein Herz böse geworden ist,
Giftig und scharf, wie Most, der zu lang in Gärung steht
Und keiner mag ihn trinken.
Christa –
Find ich dich nun:
Ich will dich nicht mehr lieben! Ich hab einen Haß im Blut,
Und der will aufbranden, daß meine Hand gesund wird an ihm,
Wie sie krank und mager war von Liebe.
Christa –
Find ich dich nun.
Und ich seh: Hinter dieser Weltmauern knirschendem Geschotter
Blüht dein weißer Leib, singt deine Stimm ein
Jubelnd Hallelujah, lodernde Braut –!
Christa –: find ich dich nun,
Dann will ich trinken, braunen Wein aus Schalen deiner Hände,
Trinken, Trinken bis ich sinke, bis die Wolke sinkt,
In der der Weltrichter kommt, von dem es heißt:
»Er weiß von der Schuld und Unschuld der Geschöpfe –«
Und dann
Will ich vor seinen Augen dich
So hinmachen – wie ein Schlachtkalb – wie die Mauer – wie
Die erdpressenden Steine
So – *haut zu*

Dein Hals, Christa – Dein Hals.
So *haut zu*
Die zitternde Brust –
So *haut zu*
Die Hände – –
So –
Die Hände – –
So – –

MORGENSTERN *drängt an der Spitze anderer Bauern in das Gewölbe*
Habt ihr ihn? Lebt er?

HEUL *dreht sich um*
Wer?

MORGENSTERN
Der Bauerngott!!

HEUL
Den such ich nicht!

MORGENSTERN
Dann gib die Harke!

BAUERN
Gib die Harke!

HEUL
Fort!!
Ich bin der rechte Gräber! –

STIMMEN
Gräber –

MORGENSTERN
Schatzgräber –?

SCHRILLE STIMMEN
Totengräber –!

STIMMEN
Gräber –
Grabgeruch!
Ersticken! Fort!!
Viele fliehen.

MORGENSTERN
Mann, mach mir Platz, ich muß hindurch, ich muß hindurch!
Ich hab ihn verraten! Ich hab ihn eingemauert!
Meine Schuld!!

Nun lieg ich selbst in Ketten hinter dieser Wand, die
Ratten raufen den Schimmel aus meinem Bart, und
Hunger brennt mir den Gaumen!!
Gib die Harke her!

HEUL
Zurück!!
Ich hab den letzten Schlag!
Die Mauer birst, die Schranken sind gefallen!
Himmel stürzt herein.
Die Mauer birst: Dunkelheit dahinter. Heul fällt zusammen. Morgenstern, Bauern über ihn weg, dringen ein.

STIMMEN
Der Bauerngott – –

MORGENSTERN
Verwesung!!

STIMMEN
Tot –
Tot –

MORGENSTERN
Die Ratten –

STIMMEN
Tot –

MORGENSTERN
Die Ratten –!!

HEUL
Christa –
Christa – –

STIMMEN
Tot – *Die Fackeln löschen aus.*

Landstraße. Nacht

CHRISTA *führt Madelon an der Hand*
Nun sind wir am Rande der Welt.
So weit gewandert –

Madelon
Meine Füße sind wund
Und mein Herz ist taub
Septemberlaub
Lautlos im Nebel fällt
Will Erde werden – *Ist niedergesunken.*

Christa
Wer bettet mich in Schlaf und Erden?
Wer hütet mich?
Doch ich muß wach zu deinen Füßen sein.
Nimmt mich ein Traum hinüber, bleibst du allein.
Schlaf segne dich –

Der Brückenmann *geht vorüber*
Kind, spiel mit mir.

Christa
Spiel?
Ich habs gewußt, doch – verloren.
Mein Herz ist jung, hat nur zuviel
In fremder Hand gefroren.

Der Brückenmann
Gib mir dein Herz.
Dann wird es neu geboren.

Christa
Wie soll ichs geben?

Der Brückenmann
Im Spiel! Gib!
Dann wirst du leben.

Christa
Nun hab ichs in der Hand. Es klingt wie Glas.
Glüht wie Blut – und schimmert wie Topas –!
Fängst du –?

Der Brückenmann
Wirfst du –?

Christa
Und wenn es fällt –?

Der Brückenmann
Heb ich es auf.

Christa
An deinem Fuß zerschellt?

Der Brückenmann
Mach ich es neu!
Ich bin von dieser Welt.
Christa *wirft*
Hast du es nun –
Der Brückenmann
Nun ist es mein.
Christa
Und ich –?
Was soll ich tun?
Der Brückenmann
Komm heim! *Winkt ihr, geht fort.*
Christa
Silberne Flöre
Wallen herauf.
Himmlische Chöre
Lösen mich auf.

Lächelnde Tiere
Kennen mich gut,
Schwindelnd ich spüre
Irdische Flut.

Säuselnde Bäume
Harfender Hain,
Selige Säume
Saugen mich ein. *Stirbt.*
Die Nebel steigen, Frühlicht und blühende Ferne.
Madelon *erwacht*
Meine Kehle brennt,
Meine Kniee wanken,
Aber mein Blut ist voll Jubel,
Daß ich der Nacht entfloh.
Ein Tal!
Ein offen Land –!
Entschreitet.

Zur »Menschwerdung«

Die fahle Mauer dehnte sich neben bestaubten Bäumen.

Rauchgeruch, flatternder Ruß im Winde, die rhythmischen Geräusche stampfender Maschinen trieben vom Bahnhof zur bläulich verquollenen Stadt. Aber der März zirpte und drängte sich grün aus den armseligen Knospen vereinzelter Vorgartenbüsche. Jean und Gilbert hatten einander die Arme um die Schultern gelegt und gingen vor dem biederen Bajonett des Dickbauches her, langsam, wiegend, versunken in die dunkle Melodie ihres gemeinsamen Schreitens, ihrer verlorenen, gegenstandslosen Blicke, die wie matte Perlen in das Meer der unter ihren Füßen verschlungenen Dunstkreise enger Häuser sanken. Einmal begegnete ihnen eine alte Frau, die gebückt an ihrem Regenschirm her kroch, irgend einem noch fernen Ziel und Ruhepunkt mühsam zustrebend, hilflos, verlassen, stumpf von vielen Leiden, ohne Gefühl, ohne Tag und Blut, dämmerhaft, fast schon Gespenst ihrer müden Sehnsucht. Da fühlte Jean die Bewegung des Zu-ihr-Hintretens, schmelzende Wärme des Mutter-Sagens, Arm-Unterfassens, unerwiderte-Liebe-Schenkens, unvergoltene-Hilfe-Spendens. Vielleicht ging durch beide Freunde eine plötzliche Gebärde zu ihr hin, ein Anhalten der Schritte, Stehenbleiben vor dem schmerzlichen Wiederauftauchen verlassener, entschwundener, geraubter Dinge und Gestalten. Denn das biedere Bajonett über seinem Dickbauch wackelte und hüstelte ein vom Traben stumpfsinniges: »en avant«.

So führte man Jean und Gilbert ab, die in ihr Schicksal sehr ergeben waren, nicht murrten, still und fremd unter den Kameraden der Zivilarbeiterkompagnie einhergingen, nur stets die freien Hände einander um die Schulter legen, einander in zärtlichem Druck fühlen lassen wollten. Da gab es einen großen Hof, in der Ecke ein überwachsener, muffiger Abfallhaufen, rot einengende, fensterlos glotzende Ziegelmauern, knarrendes, gitternes Tor, roch nach Schimmel, Spätnachmittag, Speiseresten, ausgegossenem Spülwasser. In der Ecke mündete eine öde, lichtlose Tür durch den finsteren Gang im Stimmengewirr, Strohsackknistern, schlechte Luft der Schlafsäle. Gelblich über der Stadt fiebernde Abende, Sommerabende, erregt, ziellos, faltergleich im himmlischen Schein schwirrende, fanden Jean und Gilbert oft in der trostlosen Enge dieses Hofes auf und ab schreitend, oder in einer Ecke hockend, Hand in Hand, Jean summte leise Kindermelodien, Gilbert sog an einer geschenkten Zigarette, glotzte schläfrig dem Freunde angeschmiegt und hingegeben, mit offenem Munde über die Dächer. Da geschah es, daß in das Gittertor gedrängt, der weiße Schimmer einer weiblichen Gestalt beide zugleich erbeben und auffahren ließ. Sie nannte sich Lysette und mußte nebenan, im großen Unterkunftshaus der Evakuierten, täglich unter Aufsicht Wäsche waschen und plätten. Oh, sie sprach die Picardischen Vokale, ganz wie in jenen westlichen Gegenden des Départements Somme. Oh ihr blauen Nebel der Erinnerungen. Und die blasse Schmäle ihres Antlitzes vertiefte madonnenhaft große schwarze Augen, in denen verschlossen unerweckte Feuer schlummerten. Doch man konnte durch die Stäbe ihre kleinen Hände fassen und die plötzlich aufwallenden Heimatworte in die ersehnte Süße und Weichheit dieses Mädchens stammeln. Bis der Aufsichtshabende erschien: »Il est défendu aux prisonniers civils ...«. Der Aufsichtshabende sprach Französisch. Er steckte bleich, bebrillt und fremd in seiner schlotterigen Landsturmuniform. Seine Worte waren nie hart, unter seinen Äußerungen bebte eine ängstlich verborgene, reine Güte, aber menschenhaft: gehemmt, eingebunden in sein schwächliches, bedrücktes Dasein. Jean liebte ihn und ward rot, wenn er ihn ansprach. Gilbert starrte ihn offenen Mundes an, aus unverhohlenen, hingegebenen, zwanglosen Augen. Jean drückte dann inniger seine Hand und beide blieben wortlos, von irgend einer lieben Seligkeit durchdrungen, lang im Dämmer auf ihrem Bettrand sitzen, während die anderen in Kartenspiel, erregtem Gespräche, Cigarettenrauchen und müßigem Zank ihre freie Zeit hinbrachten.

Da gab es eine jämmerliche, durch regenaufgeweichte, nebelnde Felder ohne Grün langgezogen hinstöhnende Landstraße. Manchmal holperte ein Auto zornig durch die Pfützen, teilnahmslos lehnten

Herren in hellgrauen Mänteln in den Kissen, – wie dann der Schmutz und Schlamm unter dem Druck der Räder über die Gesichter spritzte! Da gab es einen dunkelbärtigen, stumpf Pfeife qualmenden Aufseher, der die zu langsam Arbeitenden mit dem Kolben schlug. Da gab es eine Mittagspause, während der man auf spitzen Meilensteinen fröstelnd kauerte, – rieselte der Regen doch fadendünn und seicht, – gab es eine kotbeschmutzte Hacke, die im schmerzhaft bitteren Antrieb unfreier, bezwungener Glieder den dumpfen Rhythmus schwer schütternder Schläge hämmern mußte, aufsplitternd knirschenden, starrenden Stein. Knirschenden Stein.
Da gab es jenen Nachmittag, an dem die Lebensmittel verteilt wurden, alle Arbeiter wie Raubvögel im Käfig gereckten Halses vor das gitterne Tor gedrängt sich stießen und schoben, jeder gierig bemüht, seinen Eßnapf möglichst zuerst zwischen den Stäben durchstecken zu können. Der dicke Mann, der sachgemäß mit fettigen Fingern an der Waage hantierte, schnaubte manchmal ein unverständliches Wort von roh drohender Färbung hinaus in die Harrenden. Dann wichen die vordersten wie vor Peitschenhieben mit geduckten Augen ein wenig zurück, gleich aber schwoll das Murmeln wieder in hellere Töne des Gezänkes, denn andere hatten sich an erste Stelle gedrängt und die Verscheuchten suchten sie an den Röcken zurückzuzerren. Dann kam der Mann im blauweißen Kittel mit dem großen Eimer. Nun häufte sich die Gier so vieler hungriger Mägen zu einem zuckenden Berg heiseren Geschreis. Dazwischen schnaubte und sprudelte des Aufsehers holpriger Baß. Jean und Gilbert waren oft die letzten, sie standen tieferschrocken in diesem zügellosen Sturm, und waren nur beruhigt, daß sie sich fest bei den Händen halten konnten. Am Samstag, als alle hungrig und erschöpft von einer Woche schlechterer Kost und Chausseearbeit zurückkamen, mußte dem von nächtlichem Fieber etwas geschwächten Jean die Schüssel aus der Hand gestoßen werden und zur Erde fallen. Wild und unbedenklich wie Raben auf Aas stürzten sich die Gewandtesten auf die entrollenden Fleisch- oder Wurststückchen und, ehe man sich besinnen konnte, war sein Empfang in vielen Taschen verschwunden. Da warf sich Gilbert, einen dumpfen Laut ausstoßend, besinnungslos zwischen die Johlenden, Kopf vor, Fäuste wirbelnd nach allen Seiten, ohnmächtig, haltlos und heiß. Bis sie ihn unter Gebrüll und Gelächter entfernt hatten. Beide mochten nichts essen an diesem

Abend. Gilbert weinte leise an Jeans Schulter. Jean aber starrte über ihn weg, starrte mit grüblerisch zerfalteter Stirn in die Ecken voll roter, schwarzer, verschlungener, hochquellender Nebel.
Nachts aber, als die Geräusche und tauben Regungen der dumpf Schlafenden den Saal erfüllten, hatte sich Gilbert neben ihm durch seinen Schmerz in lächelnden Traum gewiegt. Jean entzündete einen Stearinstummel und kauerte sich auf seinem Lager zusammen, Knie hochgezogen, Kopf in den Händen, so daß er Gilberts in Ferne und Weichheit aufgelöstes Traumantlitz sehen konnte. – Freund, du liefst abends über die Wiesen, – Mutter Causette hatte Ölkuchen gebacken, – oh ihr Mädchen, warm und lockend zur Dämmerung in Fensterläden geschmiegt, – aber im Sommer Sonntags war Musik. Gilbert, Du schrittest unbeschwert und trübungslos, nur lachend, weinend, – Yvonne hing Dir oft im Arm, Du warst sechzehn Jahre, wie ich Dich liebe – –! Ich, Jean Nobbécourt, allein in dem abseitigen Häuschen der Witwe. Aber die Weide wiegte sich davor, morgens manchmal wippten ihre Zweige leicht und lieblich über Gold und Strahl und viele schimmernde Farben – –
Wie ist nur dieses finstre Los gekommen? Wer, wer hatte ein Recht dazu? Wer darf so rückhaltlos grausam sein? Haben wir nicht die kleinen Vögel aus dem Bauer fliegen lassen, als sie nicht fressen und nicht singen wollten und nur traurig und verängstigt flatterten? Gilbert sagte es doch zuerst! Gilbert hat sie freigelassen. Wie leuchtete er, als sie im Wind jauchzend aufschnellten. Nun haben sie ihn geschlagen, einen Abend hat er weinen müssen. Wer darf denn das? O, meine jungen Fäuste! –

Plötzlich hatte sich das Schnarchen und Stöhnen rings umher im Saal zu einer fürchterlichen hohlen Stille verdichtet, die regelmäßigen Geräusche zerfielen in einem luftleeren Trichter aus Einsamkeit und Mondfahle, in der sich Jean, tief gebeugt auf seinem Lager, atemlos und keuchend wand, grauenvoll und eiseskalt vor seinen eigenen Augen, die ihn aus einer Fensterhöhle entsetzlich angestarrt hatten. Zuckendes Blut in diesen veränderten Augen. Oh Gilbert, oh ihr kleinen Vögel. Wer ist es, wer würgt denn so? Du Fuß im Nacken, was schnappen meine Zähne, fürchte ich mich? Was glotzt ihr so aus jenem Fenster, – oh, sie schwellen an, dringen ein, kriechen, kriechen, – was will das nackte Tier, – mein jammervoller weher Leib,

– laßt mich, – laßt – mich – Gilbert, mein Gilbert! Warum haben sie Dir die Augen ausgestochen!? Da steht er, Du Mörder, Verfluchter Du! Aber ich beiße, ich kralle, ich spring Dir an die Kehle, ich fasse Dich! Wir haben doch die kleinen Vögel freigelassen. Warum peitscht ihr mich so. Ach, nun sinke ich zusammen. Nun geht mein Herz nicht mehr. Dies drückt und wiegt zu schwer –.
Du traurige Wolke. –
Gilbert, am Morgen erwachend, erblickte Jean wie in einem Krampf zusammengezogenen Körpers, hockend auf den Knieen, Hinterkopf im Nacken und das Antlitz bleich und unbewegt nach oben gewandt, aber wie von innen heraus leuchtend, ganz übergossen von einem süßen, lächelnden Ausdruck. –
Die Stadt war laut und sinnlich brodelnd, dampfend, verworren, ihre Stimmen waren zerhackt und zerrissen, doch vermischt und verquirlt in einer dumpfen Symphonie. Es war kurz vor Nacht. Wenige Lichter warfen gelben Schein. Ein paar rote Laternen bluteten vor grauen, zuckenden Häusern, aus denen einzelne Takte atemloser, heiserer Musik taumelten. Aber der Rhythmus der vielen klappernden Stiefel auf dem Asphalt hielt die vor Ermattung, Hunger und Sehnsucht fast Zusammenbrechenden aufrecht. Gilbert wandte sein Gesicht oft lange und fragend nach Jean. Der ging stier, wortlos, einsam, oft schüttelte er des Freundes Arm von seiner Schulter, seine Augen hatten ein erschreckendes Flackern. Wenn plötzlich dunkle Nebengassen wie offene Tore von zwei Seiten auf die breite Straße mündeten, ihre Schatten voll Geheimnis, Lockung, Verborgenheit und Freiheit über den Weg warfen, ging es wie ein Reißen und Zerren durch seinen Körper und man fühlte, daß er sich Gewalt antat, um im ruhigen Tritt und Takt zu bleiben.
Dann lag die Stadt tiefer, steil keuchte der Pfad zu jenen einsamen Häusern, deren vergitterter Mund schon klaffte. Aber man sollte noch warten, es war noch Brotempfang. An der Ecke hielt ein Automobil. Dabei lehnten zwei Gestalten, die sich in fremder Sprache unterhielten, unbekümmert plappernd. Eine Frau war dabei. Sie schimmerte hell. Der Mann sprach lachend auf sie ein. Ihr Kichern klang stachelnd, verhüllt, schamlos verhüllt, wie die weibliche Stimme auf einem Grammophon, verschleiert, grausam, Rücken überlaufend. – Die beiden sprangen in den Wagen, der schnurrte an, ratterte los, kurvte scharf, drehte, überschüttete die an der Seite

Kauernden mit einem Regen kleiner Schlammspritzer, Licht sprang an aus den Fenstern, floh gehetzt den Berg hinab zur Stadt. Da fühlte Gilbert neben sich die Gestalt Jeans aus ihrer Geducktheit auffahren, stählern gereckt, ganz voll Spannung, zügellosen, steuerlosen Triebs, erschreckend, furchtbar fast wie plötzlicher Orkan und wie der wilde, knurrende Ton, der sich aus seiner keuchenden Brust rang.

Es gäbe eine Möglichkeit, die Menschen aus ihrer Finsternis zu entwirren. Wißt ihr, Freunde, daß wir alle von dem Berg kommen, den der Erlöser segnete mit seinem Leid? Was sind wir noch Knechte unter Blut und Schicksal! Was sind wir noch Verträumte unter Klang und Sehnsucht! Was sind wir nicht Schöpfer, brennend von Liebe, strahlend aus uns selbst!? Denn jene Düfte und Blumen, die am Abend blühen, weich, um sich darin zu betten, sind nur die kleinen Schwächen unserer geliebten Seele. Wir aber glauben nicht an die Hemmungen der Freiheit aus Menschentum, wir sind die Künder der bedenkenlosen Verwirklichung, wir wollen tun, was ihr dichtetet, wir gehen kein Golgatha mehr, denn längst sind unsere Leiden reif, längst überschritten wir die nebelnde Grenze, längst sind wir außerhalb der gemeinen Dinge, Stolze, Aufrechte, Bereite: Segnende Hand – oder zweischneidiges Schwert.

Brüder, wir wollen der Gipfel unserer Ziele sein.
Brüder, wir sind doch nur Vollendung unserer selbst.
Brüder: wir hätten die Liebe.
  Wär dies nicht Ziel genug?
  Wär dies nicht Gott?

Jämmerlich, durch regenaufgeweichte, trostlose Felder ohne Grün hinstöhnt die Landstraße. Ach, Gilbert, wie müde geht Dein Atem. Komm, gib mir Deine Harke, schaufle Du Steine weg, ich will hakken. So, mein Freund, o gib Deine Hand, ich glaube Du fieberst. Was will der Hund? Er sieht immer zu uns her. Daß er doch verreckte!
Seit dieser Teufel da ist, haben wir keine Ruhe mehr. Scher' Dich nicht um ihn, mein Gilbert, wenn Du müde bist. Oh Gilbert, Deine Augen sind so fremd, und Du frierst im Regen, komm, nimm Wärme

von mir, Du bist ja nicht allein! Komm, Gilbert, sieh nicht hin! Der Teufel kommt wahrhaftig auf uns zu. Sei ruhig, mein Freund, oh mein armes Herz, denk, einst sind wir wieder zu Hause, am Abend, bei Mutter Causette, und der brünetten Isabelle. Du lächelst nicht? O, sein weher armer Mund! Jean, was wirbelt Dein Blut? Grauer Teufel, grau in grau getaucht, Du roter Schnauzbart, elender. Nun tritt er dicht an den armen Gilbert und herrscht ihn an, er solle nicht faulenzen. Gilbert, mein Freund! Nicht!!
Oh, er hebt flehend die Hände, – da, Himmel brich hernieder, Erde, was platzest Du nicht in glühende Fetzen, Tod, warum heulst Du nicht auf, – er schlägt, – der Hund, der Hund – schlägt, noch einmal, da, ihm ins Gesicht.
Schlag einer Menschenhand. Darf denn Gott schlagen? Was schlägt dieser? Wer gibt ihm das zu? Wer gab uns Arme und Fäuste, zu schlagen? Du wirre Welt! Aufreckt doch alle Arme und Fäuste, ihr Wunden, Stöhnenden, Geschlagenen, – aufreckt und stürmt und schlagt, schlagt, schlagt, – schlagt alle Arme nieder, die je sich gegen Knechte erhoben, auf daß dann Arme nur noch seien zum Helfen und Heben, Hände nur noch seien zum Spenden und Geben, – Gott, Du Gott in mir, hilf meinem armen Arm, stärke mich, stütze mich, segne – – da saust die spitze Hacke pfeifend durch das wilde Aufkreischen vieler plötzlich aus Starrheit Emporgerissener nieder mitten in splitternden Schädel, springt roter Strahl, rasen die Berauschten, jählings Empörer, Selbstbefreier, Halt- und Schrankenlose, wie stäubender Sturzbach über Aufseher und Wächter her. Jean aber, während dicht bei ihm ein Schuß krachte und eine weiche Hand ihn rückwärts bog, schwebte in einer wunderbar süßen Melodie aus Glanz, Streicheln, Geborgensein. Nun ist Gilbert ein Engel geworden. Der Frühling braust ja um die hängende Weide. Ach ihr Freunde. Wer könnte nun einsam sein in all dem Glück? –

Geschichte von einer Geburt

Eine Märznacht, rauh, regnerisch, mitten im Weltkrieg, und Frankreichs Erde hing in Klumpen, Brocken, Krusten an Soldatenbeinen, Pferdebäuchen, Wagen, Waffen, Geschirr. Da machte die leichte Feldbatterie Quartier in einem Dörfchen dicht hinter der Front, das keine zehn Häuser an der Straße hatte und eine Handvoll Hütten ringsum zwischen Rübenfeldern ins öde Land verstreut. Libercourt-le-petit, so hieß es wohl, oder Couchy-les-champs oder Le Mesnil, oder weiß der Teufel wie sonst. Damals war jedes verzwickte Wort für uns ein Markstein der Ewigkeit, heute schmeißen wir alles durcheinander, Namen, Gestalten, Daten, Landschaften, Bilder, Gerüche, das zerfließt alles im Gedächtnis wie die Gesichter rasch gefallener Kameraden; was wieder aufersteht, hat Schicht und Farbe gewechselt – vielleicht auch das Blut, den Herzschlag, den Atem, die Knochen, das Hirn –, bleibt nur zu hoffen, daß die unsterbliche Seele jeder Verwandlung trotzt und daß sie wahrhaftig lebt in jeder Wiedergeburt. Die Soldaten, welche in den verstreut umherliegenden Hütten Quartier nehmen mußten, waren übel daran, die kleinen Pfade versanken im Schlamm, es war stichdunkel, man irrte leicht vom Wege ab – in Belgien war einer beim Kaffeeholen in den Schacht eines halbabgerissenen, unbedeckten Ziehbrunnens gestürzt, tagelang vermißt worden und erst gefunden, als es aus dem Brunnen stank. Die drei Soldaten, denen das Los zufiel, mit ihrem Zeug die äußerste Hütte zu beziehen, kamen daher recht unfroh in ihr Quartier, besonders der jüngste, denn er war zur Parkwache eingeteilt und mußte also in der gleichen Nacht den Weg noch viermal zurücklegen. Jeder mit einem Bund Stroh auf dem Rücken, dessen stichelnde Halmspitzen den Nacken zerkratzten, Gepäck und Woilach übern Arm gehängt, so stapften sie mit ihren schweren Reiterstiefeln durch den Schlamm, die Augen angestrengt auf den zitternden Lichtkreis von der Taschenlaterne des Quartiermachers geheftet. »Sind Zivilisten drin?« fragte einer. »Zwei Weiber.« Aufhorchen! »Was für Weiber?« – »Junge?« Keine Antwort. Und schon kreischt der Schlüssel im Schloß, Lichtschein und qualmiger Dunst, Stalldunst, dicke Luft zum Schneiden zwischen Tür und Regennacht. Die öffnet, ist ein altes Weib mit dem Gesicht einer verwesten Eidechse, Händen wie starre Hühnerklauen. Aus ihrem Mund kommt ein gleichförmig röchelnder, pfeifender Laut, den man zu riechen glaubt. Noch aus der dunklen Ecke, in die sie sich verkriecht – das wäre wie in einer Tierhöhle –, die Ecke zum Winterschlaf, wenn nicht am Holz ein flackernd Öllämpchen hinge, ein Kruzifix darüber, frische Buchsbaumzweige darauf gesteckt; und der erste Gedanke ist, daß gestern Palmsonntag war, ein schöner Empfang beinahe. Jetzt aber schaut man in die andere Ecke, wo kein Lämpchen brennt, und im Schein der Knipslaternen wird ein niedres Lager sichtbar, halb eingesunken, ein fahles Lappenzeug von alten Decken, darunter wälzt sich etwas, wälzt, wellt, hügelt, bäumt sich, windet sich, lautlos zuerst – und man sieht nichts als die unruhig bewegten Lumpenhaufen. Da, da gibt es einen Laut, das verkrochene, vergrabene Tier, da bekommen die Lumpen Stimmen, da stöhnt uns das verschmutzte Lager an, schrecklich, gepreßt, qualvoll – und dann brüllt es plötzlich stoßweise unter den zuckenden Fetzen heraus, zweimal, dreimal, fünfmal, anschwellend, zerschellend, verstummt –, und das Bett liegt wie tot. Die Soldaten im Kriege sind Schreie gewöhnt, einer von den dreien lag schon einmal auf dem Verbandsplatz in einer großen Schlacht, dieses Geschrei war aber von einer Art, daß alle zuerst blöde und ratlos standen, jeder den anderen anstarrte, keiner voranging. Der Quartiermacher war inzwischen hurtig verschwunden, vermutlich wollte er Vorwürfen und Beschwerden aus dem Wege gehen. Die drei standen gottverlassen am Eingang ihrer Tierhöhle und räusperten sich, bis dem jungen, dem der Arm eingeschlafen war, sein Strohbund von der Schulter fiel, den anderen gegen die Beine, und somit endlich der erlösende, geisterbannende Fluch erscholl. Es war nun auch alles ganz friedlich, das alte Weib unterm Öllämpchen sah man kaum, der Lumpenhügel schwieg und rührte sich nicht, eine Kerze war schnell aufs Wandbrett geklebt, man sah ein paar Holzscheite, warf sie auf Glutreste im schwarzen Kamin, schichtete das Stroh in die Nähe, fand einen

Kessel voll Wasser, setzte ihn auf die Flammen und suchte die Kaffeebüchsen hervor. Aber das Feuer wollte nicht richtig ziehen, und der junge, der niedergekniet war, um es anzublasen, hob gerade zum Atemholen den Kopf und beugte sich zurück, da fuhr er so zusammen, daß er beinahe den Kessel vom Rost gestoßen hätte. Auch die anderen standen, wo sie gerade waren, starr, und hielten den Atem an. Aus den fahlen Lumpen ragte reglos, geräuschlos, ein Gesicht: breit, von braunen Zotteln umfranst, bleich, unförmig, verquollen, dicke Lippen, die offenstanden, wie zum Schrei geformt, Augen, die nichts Menschliches hatten und keinen Schimmer von Begreifen, aber auch nicht wie Tieraugen, nicht wie Glasaugen, nicht wie Totenaugen – solche Augen, wie alle drei sie kannten, die Augen des besinnungslos wütenden Schmerzes. Gleich darauf wölbte sich der ganze Bettberg langsam, aber krampfhaft hoch, eine Decke fiel herunter, ein Stück Leib, ein Stück nackte Schulter stieß hervor, das Gesicht fiel in Schatten, Haarflechten flackerten wild – und ausbrechend, austobend wieder der schreckliche, brüllende, schnaubende Schrei. Dann Stille. Beklemmend. Alle drei gingen plötzlich, wie auf gleichen Befehl, in kurzen Schritten dem Lager zu, dann standen sie zögernd: Der erste, Weigel, ein älterer Bergmann aus dem Westerwald, der zweite, Bopp, ein Bierkutscher aus Hanau, der dritte, Thomas, ein achtzehnjähriger Student. Schließlich streifte Weigel ein Stück Decke zurück und hielt die Taschenlampe sehr hoch über das Unbekannte, was da unten massig lag und in kurzen Stößen zu atmen schien. Dann wurde er kühner, sah sich die Sache gründlich an und machte sich an den Decken zu schaffen. »Geburtswehen«, sagte er, »das kommt und geht« – und die anderen fühlten sich sonderbar beruhigt beim sachverständigen Klang seiner Stimme. Bopp, der Schorsch, der lachte sogar und ging ganz nahe heran, Thomas spürte kühl im Leib, hob sich aber auf die Zehenspitzen und schaute über Weigels Schulter, und auf einmal geschah es, daß das Weib ganz ruhig seinen Kopf erhob, alle drei mit gesunden Augen ansah und übers ganze Gesicht zu grinsen begann. »Red sie an«, sagte Weigel zu Thomas, der hatte aber kein Glück damit, die Frau schien sein Französisch nicht zu verstehen oder wollte nicht, sie machte die Augen zu, gähnte laut und drehte sich langsam, schwer, wie ein schwangeres Tier, zur Wand, und dabei sah man, wie ungeheuer dick ihr Bauch sein mußte.

Es war in diesem Landstrich mit der Witterung im Frühjahr so, daß gewöhnlich die Wärme zu früh quoll, im Februar vorzeitig blasse Pflanzen und Schößlinge trieb, die nasse unreife Erde mit schalem Knospendunst überschwemmte, schlüpfrige Saatspitzen aus den Schollen lockte und all das gierig und schüchtern Keimende schutzlos den grimmigen Rückstößen der Frostkanonen preisgab. Die hatten drei Tage gewütet, mit tödlichen Sturmattacken der Hagelschloßen, Schneegewitter und Platzregen. Jetzt aber, als Thomas die zweite Wache stand, zwischen dritter und fünfter Morgenstunde, ebbte der Angriff zurück, bei plötzlicher Windstille am Boden jagten die Wolken hoch in zerfetzten Fluchtscharen, am Vollmond vorbei, und es mischte sich seltsam das Frösteln naßkalter Schwärze mit einer lau gärenden, erdwürzig riechenden, nebelhaft steigenden Bodenluft. Im Westen flackerte wechselnd ein rötlicher Schein, große blasse Streiflichter zuckten über den Horizont, ein dumpfes, leises Gebrodel, von lautlos schütternden Luftstößen unterbrochen, ein ruhiges, verhaltenes Gedröhn, das die Stille der Nacht stiller machte, erscholl von der Front. Die Rohre der Kanonen glänzten feucht zwischen den Rippen und Wirbeln kleiner Weidenbäume, das flüchtige Mondlicht troff in verödete Pfützen, aus der Stallbaracke schnaubte oder stampfte ein Gaul, die Nacht war unruhig, und ihre hohle Stummheit von dem Tritt und Gerassel vieler marschierender Truppen durchbebt, die unsichtbar südlich und nördlich auf den zermatschten Landstraßen frontwärts zogen. Etwas Dröhnendes, Grausames, Unerbittliches lag in der Luft, man sprach von geplanten Offensiven, man spürte die Schauer einer Schlacht voraus, der geheime Befehl zum Angriff, zum Schrecken, zum Tode – fern im Dunkel hinterhältig ausgeheckt – fing schon lebendig zu rumoren an, die Gespenster der Truppenverschiebung, des Marsches nach unbekanntem Ziel, umflatterten jeden einzelnen preisgegebenen Mann und würgten ihm plötzlich die Kehle. Thomas stand an einem Baum gelehnt, in seinen feuchten Mantel vergraben, den Helm im Genick, in seine Nüstern stieg ein Geruch wie von blühenden Kätzchen, Primeln, Anemonen und Osterkraut. Der Vogel Kiwi schrie bald nahe, bald fern, eine kleine Eulenart, die in manchen Gegenden Frankreichs in Massen vorkommt, man hörte sie in den ersten Monaten des Jahres auf jeder Nachtwache schreien. Bei uns zuhause, wo sie seltener ist, heißt sie der Totenvogel, und der wird auch in Frankreich jedesmal für einen Soldaten geschrien haben. Heute vielleicht für den Wachkameraden, der am anderen Ende des Geschützparks steht, dachte Thomas. Oder für Schorsch Bopp, der in der Tierhöhle auf dem Stroh so gewaltig schnarcht. Für das Weib womöglich, oder für sein ungeborenes Kind. Für mich nicht. Für mich sicher nicht. Und er begann auf und ab zu schreiten, da das Gesinge einer fern vorbeiziehenden Truppe ihn frostig überfiel und aus dem pferdehaften Halbschlaf des Wachestehens weckte. Während er so auf und ab schritt, sah er plötzlich aus der Gegend seines Quartiers herschwankenden Lichtschein, hörte einen unverständlichen Ruf, irgendwo in einer anderen Hütte wurden die Läden aufgestoßen, Lampen angesteckt, ein kurzes Hin und Her von Stimmen erscholl, ein Getrabe, ein Fluch, dann kamen zwei Kerle im Laufschritt am Park vorbei, von denen der eine, am Husten kenntlich, der alte Weigel war. Der andere, ein blonder Mensch mit Bärtchen und schmaler Drahtbrille, trug einen Drillichanzug mit der Rote-Kreuz-Binde um den Arm, hatte einen Sanitätskasten in der Hand, sah verschlafen aus, spuckte dauernd und lief in Holzpantinen. Ehe man sie anreden konnte, waren sie beide vorbei. Gleichzeitig aber schnaubte und schnaufte ein furchtbarer Ton durch die Nacht, viel wilder, lauter und verzweifelter, als es am Abend in der Hütte selbst geklungen hatte, unmenschlich, unwirklich, wie das Geblöke der Wahnsinnigen im Irrenhaus. Dann wieder war alles still. Thomas begann rastlos hin- und herzulaufen. Bald sah er auf die Leuchtuhr am Arm, bald verbohrte er den Blick in das fahle Dämmerlicht, das am östlichen Himmel hochkroch. Eine ganz fremde Erregung, die nichts mit Furcht, nichts mit Neugier, nichts mit Verlangen zu tun hatte, ging in seinen Adern um. Es war ihm plötzlich, als stünde er vor ungeheurem Neuland, aufgerissenen Wolken, vor der offenen Ferne, und etwas wie Lust und Schwindel machte ihn bewußtlos, trieb Dinge, Wellen, Geräusche durch sein Hirn, daß er, die Lippen gleichgültig bewegend, Worte sagte, Sätze kaute, Namen rief und nicht mehr fühlte, wie ihm geschah. »Geburt, Geburt«, sagte er und lief um eine Pfütze herum mit der Haltung eines Schwimmers, der den Kopfsprung machen will – und –, »es wird schon Tag« – sagte er – »zum Teufel« – sagte er – »Kein Krümel Tabak« – und, die Zähne verbissen, die Arme ausgestreckt – »Herrgott, wie die Zeit vergeht« – dabei war ihm, als schrumpfte sein Leib, als schnurrten seine Glieder und Muskeln ein, als krümmte sich sein Körper zum Hochsitz des Embryo, und nur der Kopf bleibe groß, schwer, erwachsen. »Geburt, Geburt«, sagte er und spürte aus der Luft etwas Heißes, Brennendes, Elektrisches in Funkenschwärmen auf sich niederregnen – und starrte tiefgebückt in den Erdschlamm, den Lehm, den zähbraunen Brei um die Wurzeln der Weiden, starrte zu Boden, indem er den Himmel meinte, warf den Kopf himmelwärts und ihm war, als grabe er sein Gesicht über und über ins feuchte Erdreich, während der laue Wind über seine Stirn schleifte, und alles fiel ihm ein, was den Frühling macht – dies ungeheure Wehen der Weidenruten, wenn sie gelb schimmern und leuchten von künftigem Knospengrün – das Geheimnis eines auskriechenden Schmetterlings – das tolle zaubervolle Erwachen der Tümpel und Teiche – der wilde heisere Liebesruf nestbauender Vögel – und jetzt?! jetzt aber?! was war das –?

Der rüde Gesang zweier in verschiedener Richtung marschierender Truppenkörper, rechts und links im Gelände, fast schon verhallend, hatte sich ganz vermischt, das gab in der Ferne harmonisch und groß eine klare Musik, und Thomas stand und lauschte mit offenem Mund, heiß stieg's ihm in die Kehle, seine Augen sanken herab, alles strömte über ihn zusammen, der Himmel ertrank in Sternen, der Kiwi schwieg. Jene Musik, die damals aus dem Gesinge fern marschierender Regimenter, aus dem »Haltet aus« und »Siegreich wollen wir« grölender Muskoten aufstieg, hörte Thomas viele Jahre später untrüglich wieder, es war der Anfang des zweiten Satzes von Beethovens letzter Sonate, opus 111. Damals kannte er sie nicht, aber er vernahm sie gläubig und andachtsvoll. Dann begann er zu frieren; die Ablösung stampfte heran; ein Hahn krähte prophetisch.

Was in der Höhle vorging, glich einem verzweifelten Kampf. Das Weib hatte längst alle Decken und Fetzen mit den furchtbaren Stößen ihres massigen Körpers heruntergeschleudert. Das Hemd aus schlechtem, gelblichem Stoff war quer überm Bauch zerrissen, nackt lag sie da, die Hügel und Berge ihres Leibes bebten, die Schenkel zogen sich hoch und streckten sich wieder aus, die geballten Fäuste schlugen den Bettrand, das große bleiche Gesicht mit rollenden Augen war aufwärts gedreht, der Atem ging keuchend aus ihrer Brust.

Rechts und links vom Lager standen in Hemdsärmeln mit unwirschen Mienen Bopp und Weigel, während der Sanitäter am Boden kniete, ratlos in seinem Kasten herumfingernd, und das alte Weib in der Ecke allerlei Zeug murmelte, das wie Flüche und Verwünschungen klang. Sie meinte es auch im Ernst so, sagte der Sanitäter, denn der Vater des Kindes war ein deutscher Ulan gewesen, und die Alte wollte ihre Tochter lieber krepieren sehen, als einen kleinen Boche gebären. Keine Hand rührte sie, noch nicht einmal zum Wasserholen war sie zu bewegen, in der Ecke hockte sie mit dem Gesicht einer verwesten Eidechse und lallte bös. Es war auch kein Arzt im Ort, das Stabsquartier in der Dunkelheit nicht zu finden, – so mußten drei Artilleristen und der Sanitäter, der sich furchtbar genierte (er war von Beruf protestantischer Theologe), Geburtshelfer und Hebammen sein. Eine Viertelstunde lang schien es, als wolle der Engel noch einmal gnädig vorübergehen, dann aber setzte es ein mit dem Furioso eines ausbrechenden Vulkans: Erdbeben, Gedonner, Gebrüll und feurige Lava: Blut! Die zittrigen Finger des Sanitäters versagten, Weigel griff zu mit ruhiger, erfahrener Bergmannsfaust, nachdem er sie in den Eimer gewärmten Wassers getunkt hatte, den Thomas herbeischleppte. Aber das Weib, wiehernd wie eine angeschossene Stute, schlug mit den Beinen aus, trat ihn vor die Brust, daß er zurücktaumelte. Bopp und der Sanitäter packten jetzt jeder ein Bein und hielten es mit aller Macht umklammert nach auswärts gedreht, denn die Stunde war da, und man konnte nichts mehr machen als rücksichtslos zugreifen, auf die Gefahr hin, daß alles falsch war, was man tat, Mutter und Kind unter den groben Händen draufgingen. Von schweren krampfigen Stößen geschüttelt, preßte und drückte das Weib, und Weigel, in der Linken die Taschenlampe, versuchte mit der Rechten dem lebendigen Geschöpf, das aus der Enge kam, seinen Weg zu erleichtern. »Es kommt köpflings«, sagte er, »das stimmt, aber es ist zu dick, glaube ich. Wo das viele Blut herkommt, weiß der Teufel.« Und Bopp mußte sich mit aller Kraft seines Brustkastens auf den Schenkel der Frau legen, so zuckte, zerrte und zog sie. Es war wie beim Pferdebeschlagen. Plötzlich warf sie den Oberkörper hoch, schrie gurgelnd und schlug mit beiden Fäusten nach Weigels Kopf. »Halt ihr die Arme und die Schultern runter«, sagte der zu Thomas. Aber der Widerstand war so kräftig, daß der Junge sich mit den Knien auf ihre Schultern stemmen und mit beiden Händen ihre Arme packen mußte. Ihr Kopf lag jetzt wieder aufwärtsgedreht dicht unter seinem Gesicht, die Stöße ihres Atems berührten ihn, und er stierte wie gebannt, benommen, versunken, in ihre weit offenen Augen, deren Ausdruck übernatürlich war. Gleichzeitig lockte ihn der Vorgang am unteren Ende dieses Leibes ungeheuer und schrecklich, und das letzte wahnsinnige Gerüttel, das letzte unmenschliche Gebrüll, das letzte Aufbäumen und Abwehren, dem große drückende Stille folgte, sah er schon wie hinter Glas, hörte er wie aus anderer Luftschicht, kalt, wach, gefühllos. Kaum spürte er, daß sie ihre Zähne in seinen Finger schlug und ein Fetzen Haut beim Wegreißen herunterging. Minuten folgten, die fast lautlos waren, und man hörte wieder das ekelhafte Röcheln und Pfeifen des alten Weibes. Die Brust der Gebärenden ging ruhig, Weigel stand mit seiner Taschenlampe unbeweglich, die anderen spürten ein tiefes, rieselndes Ermatten des Körpers in ihren Händen, sie hielten ihn nur noch aus Vorsicht fest. Plötzlich erschrak Thomas wild, die beiden Hände des Weibes fuhren an seinen Armen hoch, er wollte fest zupacken, spürte aber im nächsten Moment etwas Unerhörtes, Unerwartetes, fast Unmögliches: diese Hände suchten seine Hände, faßten sie an, schlangen die Finger in seine Finger und preßten sie in leichtem zärtlichem Druck. Die Augen der Frau waren auf einmal geschlossen, das aufgewölbte Gesicht schien eingefallen, die Lippen blaß und schmal, ein sonderbarer Glanz lag auf ihrer feuchten Stirn, und Thomas durchzuckte es, als sei dies der Tod, obwohl er den warmen lebendigen Druck der beiden Hände fühlte. Rasch blickte er auf und sah, wie Weigel mit einem Gesicht, unter dessen Stoppeln allerlei fragwürdige Falten liefen, etwas Lebendiges, Rötliches in die Höhe hob – und er sank fast vornüber auf die Brust der Frau, die jetzt ruhig atmete, und es schwankte, tanzte alles um ihn her, und der Tag brach herein oder war schon längst hereingebrochen, Dienstag war's in der Karwoche, und in diesem Augenblick schrie das Kind.

Sonderbar: die Alte war plötzlich still geworden, kam aus ihrer Ecke hervor, nahm das Kind in die Arme, wusch es, wickelte es in ein Tuch und war wie eine Gluckhenne um den kleinen Boche herum. Die drei Artilleristen gingen hinab ins Dorf und putzten ihre Gäule. Der Sanitäter hatte aufgehört, sich zu genieren, war sehr stolz und schrieb einen Rapport. Am Nachmittag kam Thomas allein ins Quartier zurück, um das Geschirr zu packen, zum Abend war Aufbruch in Feuerstellung befohlen. Als er hereinkam, da stand das junge Weib mitten in der Stube – sie hatte eine Art Mantel umgehängt –, sie stand breitbeinig, ihr Gesicht war rot und frisch, die beiden Brüste groß und strotzend nackt, an der einen lag ihr Kind. Während Thomas sein Zeug packte, kam sie langsam heran und setzte sich dicht vor ihm auf den Tisch. Er hielt ein und betrachtete sie. Die Alte war nicht im Haus. Die Fenster standen offen. Warme Luft roch herein. Die Frau sah ihn an, mit dicken, geschürzten Lippen, auf denen die Zunge spielte, aber mit großen ernsthaften Augen unter der tierischen Stirn. Dann nahm sie seine Hand und legte sie minutenlang auf ihre freie Brust, die kühl war und so fest wie ein voller kräftiger Arm.

»An die Pferde! Batterie aufgesessen!« Jetzt ist der Abend nah, und die Röte im Westen schüttert von dumpfen Donnerschlägen. Die Gäule sind unruhig, der Frühling sticht in der Luft. Die ist hoch oben blaß, der Mond wie eine verblasne Wolkenfeder darin verloren, dann stürzt die Nacht schnell, der Kiwi schreit, marschierende Truppen grölen in der Ferne.

Mit Mainz verbunden: Frühe Briefe Carl Zuckmayers

Nachwort von
Oberbürgermeister Jockel Fuchs

Als Klaus Mecklenburg jun., Mitinhaber des Marburger Auktionshauses Stargardt, dreimal mit dem Kugelschreiber auf den Tisch klopfte, hatte Mainz es geschafft: Ein Konvolut mit Briefen Carl Zuckmayers an seinen Freund Kurt Grell, Gedichtmanuskripten aus den Jahren des Ersten Weltkriegs und Gedichtabschriften wurde dem Mainzer Stadtarchiv zugeschlagen.
Dieses Archiv verfügt zwar als eines der ganz wenigen kommunalen Archive in der Bundesrepublik über einen eigenen Etat speziell für den Ankauf von Autographen. Den Mainzern war aber sofort klar, daß sie bei der Auktion mit gewichtiger Konkurrenz zu rechnen hätten, die den Taxpreis ganz sicher in die Höhe schnellen lassen würde. Der Kulturdezernent, Dr. Anton Maria Keim, machte sich sofort an die Beschaffung von Sondermitteln, ein Unterfangen, bei dem er schon wegen des Namens Zuckmayer offene Ohren fand.
So konnte der Musikwissenschaftler und Bibliotheksrat Dr. Fritz Kaiser als Vertreter der Stadt Mainz mit einem beruhigenden Finanzpolster zur Auktion nach Marburg fahren. Am Nachmittag des 28. November 1979 wurde die Nummer 407 aufgerufen: einundzwanzig eigenhändige Briefe Carl Zuckmayers, sechs Postkarten, dreizehn eigenhändige Gedichte und ein Typoskript mit einer Datierung Zuckmayers. Das Objekt war mit 6000 DM ausgerufen und mit 8000 taxiert worden; die Gebote gingen sehr schnell hoch. Bei 12 000 war es unter den rund hundert Sammlern, Antiquaren und Archivvertretern im Saal totenstill. Doch erst bei 24 000 DM, als der letzte Mitbieter ausgestiegen war, war es sicher, daß Zuckmayers Briefe nach Mainz kommen würden. Am nächsten Morgen lag die Sammlung auf dem Schreibtisch des Kulturdezernenten.
Archivrat Friedrich Schütz machte sich sofort an die mühevolle Arbeit der Katalogisierung und konnte bei den Werkvergleichen fest-

stellen, daß fast alle Briefe und die Mehrzahl der Gedichte noch unveröffentlicht waren. Nach wenigen Wochen war das Verzeichnis fertig und die Sammlung in Mainz archiviert.

Als Alice Herdan-Zuckmayer im Februar 1980 Mainz besuchte, konnte ich zusammen mit Dr. Keim ihr im Rathaus die fertig bearbeiteten Briefe und Manuskripte vorlegen. Sie wußte zwar von der Existenz dieser Briefe – Zuckmayer hatte in »Als wär's ein Stück von mir« vom Briefwechsel mit seinem Freund und Kriegskameraden Kurt Grell zwischen 1915 und 1920 berichtet –, aber wo sie sich befanden und was sie enthielten, das war allgemein unbekannt. Erst bei der Auktion kamen sie in ihrer Gesamtheit ans Licht der Öffentlichkeit. So war es nur natürlich, daß Alice Herdan-Zuckmayer beim Anblick der vielen mit Bleistift eng beschriebenen, aus Schulheften herausgerissenen Blätter, Feldpostkarten, Briefumschläge, Fotos sehr schnell auf den sie beflügelnden Gedanken kam, diese Dokumente des jungen Zuckmayer zu veröffentlichen. Damit war die Idee zu diesem Buch geboren.

Carl Zuckmayer lernte den Hamburger Kurt Grell im Sommer 1915 in Nordfrankreich kennen, wo beide als Unteroffiziere am Ersten Weltkrieg teilnahmen. In seinen Erinnerungen schreibt Carl Zuckmayer: »Er war während des ganzen Krieges, in dem ich viele Freunde besaß und verlor, der einzige Frontsoldat, mit dem mich eine geistige Beziehung verband«.

Offenbar von der Hand Grells, aus der gemeinsam verbrachten Zeit also, stammen die Gedichtabschriften aus dem Jahr 1915. Nach der Trennung im Herbst 1915 bestand ein reger Briefwechsel, der 1916 und 1917 besonders intensiv war. Er wurde in den Jahren 1918 bis 1920 fortgesetzt, brach aber dann infolge des inneren und äußeren Auseinanderlebens ab. Wichtig sind diese Briefe vor allem im Hinblick auf Zuckmayers menschliche und literarische Entwicklung, die von den Erlebnissen im Ersten Weltkrieg ganz entscheidend beeinflußt wurde.

Man kann natürlich darüber diskutieren, ob es richtig war, diese Sammlung nach Mainz zu holen. Ob es nicht vielleicht sinnvoller wäre, sie zusammen mit Zuckmayers Nachlaß im Schillermuseum in Marbach aufzubewahren. Das Mainzer Engagement bei der Auktion zeigt, welche Bedeutung die Stadt den Zeugnissen des jungen Zuckmayer, des »Mainzer Zuckmayer«, zumißt. Dieser junge Mainzer, der damals seine ersten literarischen Versuche machte, hat später in seinen Erinnerungen ein Bild vom Leben seiner Vaterstadt in den ersten beiden Jahrzehnten dieses Jahrhunderts geschaffen, wie es farbiger und lebendiger niemandem mehr gelungen ist. Das in bürgerlicher Familie behütete Kind, der heranwachsende Schüler, der Jüngling voll treibender Unruhe, der Kriegsfreiwillige, der geprägt wird vom Inferno der Front – diese Phasen seines Lebens sind verwoben mit der Stadt, »als wär's ein Stück von Mainz«. Der junge Zuckmayer *ist* ein Stück Mainz. Sogar in der Hölle des Schlachtfeldes ist er sich der Wurzeln bewußt, aus denen er seine Lebenskraft zieht.

Von dem Briefwechsel zwischen Zuckmayer und Grell existieren nur die Schreiben Zuckmayers. Grells Briefe sind im Zweiten Weltkrieg bei einem Bombenangriff in Zuckmayers Elternhaus in Mainz verbrannt. Dadurch ist das Bild, das dieses Buch von dem Zuckmayer der Jahre 1915 bis 1920 bietet, noch geschlossener, konzentrierter. Es ist seltsam, wie wenig wir eigentlich aus diesen Briefen über Grell selbst erfahren. Zwar erkundigt sich Zuckmayer immer wieder aufs äußerste besorgt nach Grells Wohlergehen, feiert ihn fast überschwenglich als Freund und im Geist Verwandten. Aber Grells Konturen bleiben in diesen Briefen, die mehr Reflexionen sind, dennoch vage. Um so wichtiger erscheint es, vorab einiges über das Leben des Kurt Grell zu berichten. Die Persönlichkeit des Briefpartners ist in vielem der Schlüssel zum besseren Verständnis der Zuckmayerschen Schreiben.

Deshalb haben wir uns nach dem Erwerb der Briefe bemüht, mehr über Grell zu erfahren. Es gelang, seine Witwe und einen Sohn ausfindig zu machen. Aus ihren Schilderungen geht folgendes hervor: Kurt Grell entstammt einer alten Hamburger Kaufmannsfamilie. Ein Vorfahre war aus Rostock zugewandert und hatte in Hamburg ein Handelshaus gegründet, dessen Schwergewicht auf dem Kohlehandel mit Rußland lag. Die Grells gehörten zu den ehrbaren Hamburger Kaufleuten mit ihrer strengen Bindung an Tradition und Selbstverständnis des hansischen Kaufmannsstandes. Vielleicht erklärt sich aus dieser Herkunft Kurt Grells auch die seltsam anmutende Anrede »Sie« in den Briefen, die Zuckmayer mit wenigen Ausnahmen bis zum Schluß beibehält, eine zwischen jungen Kriegskameraden ungewöhnliche Übung. Vielleicht ist dieses »Sie« aber auch gedacht als ein Mittel, die Briefe, das Kommunizieren mit dem Partner, über den schrecklichen, erniedrigenden Kriegsalltag herauszuheben.

Grell mußte, aus dem Krieg zurückgekehrt, das väterliche Unternehmen weiterführen, obwohl er lieber etwas anderes gemacht hätte. Politisch stand er weit rechts, er gehörte in Hamburg freikorpsähnlichen vaterländischen Verbänden an und hoffte auf die Rückkehr des Kaisers. Dieses extreme politische Auseinanderleben zwischen dem »roten Leutnant« und Soldatenratsmitglied Zuckmayer, der revolutionäre Aufrufe verfaßte, und dem Deutschnationalen, für die Monarchie kämpfenden und eintretenden Kurt Grell bedeutete 1920 das Ende des Briefwechsels. Grell begründete später das Versiegen der gegenseitigen Mitteilungen damit, daß Zuckmayer Kommunist geworden sei.

Grell traf in München sogar mit Hitler zusammen. Diese Begegnung ließ ihn zum erklärten Gegner der Nationalsozialisten werden. Er war über Hitler entsetzt, der ihm später die drei Säulen seiner politischen und gesellschaftlichen Überzeugung zerschlug – die Monarchie, die Kirche und das Freimaurertum – Grell war Freimaurer.

1930 stieg Grell aus dem ungeliebten Kaufmannsberuf aus und begann als Familienvater mit zwei Kindern in Kiel mit dem Studium der Theologie. Das zweite theologische Examen hätte er 1936 vor dem Landeskirchenamt in Kiel ablegen müssen. Den damit verknüpften weltanschaulichen Zwang verweigerte er und diente in den folgenden Jahren als Vikar bei Pastoren der bekennenden Kirche. Als vermögender Mann war er nicht auf eine Pfarrstelle angewiesen. Nach dem Krieg wurde er in Eutin vom Landespropst auch ohne zweites Examen ordiniert. Diese Wiedergutmachung überlebte er nicht lange; 1949 starb er an einem Herzleiden.

Die Zeugnisse seiner Freundschaft mit Zuckmayer, die Briefe, Manuskripte und Fotos, verwahrte Grell sehr sorgfältig. Trotz des abrupten politisch bestimmten Endes der Freundschaft hatte er bis zu seinem Tod ein Bild Zuckmayers auf seinem Schreibtisch stehen.

Jahre später las Grells Witwe in Lübeck eine Zeitungsmeldung, wonach Zuckmayer dabei sei, »ein Buch für seine toten Freunde zu schreiben«. Sie schickte ihm die Briefe und Gedichte, die Zuckmayer auch in ›Als wär's ein Stück von mir‹ erwähnte und zum Teil verwertete, nach Saas Fee. Auch einige der Gedichte aus dem Packen

veröffentlichte er. Dann schickte er alles wieder zurück nach Lübeck. Jetzt haben diese wichtigen Zuckmayer-Dokumente den Weg nach Mainz gefunden.
In diesen Zusammenhang gehört noch eine Fortsetzung der Grellschen Familiengeschichte. Grells Sohn Wolfgang studierte nach dem Krieg ebenfalls Theologie. Er wurde Pastor in Hamburg-Wandsbek. Geprägt durch die Studentenbewegung der sechziger Jahre engagierte er sich bei den Kernenergiegegnern. Als im vergangenen Jahr nach den Auseinandersetzungen von Gorleben die Hamburger Petri-Kirche besetzt wurde, leisteten zehn Pastoren, darunter Wolfgang Grell, den Demonstranten Beistand. Ich bin sicher, der Zuckmayer von 1920 wäre auch in der Petri-Kirche dabeigewesen.

Mainz, im Oktober 1980 — Jockel Fuchs

Entstehungsdaten und bibliographischer Nachweis

Carl Zuckmayer, ›Als wär's ein Stück von mir‹. Horen der Freundschaft. S. Fischer Verlag, Frankfurt am Main 1966, 1972.

Briefe an Kurt Grell (1915-1920). Bis auf wenige Auszüge in ›Als wär's ein Stück von mir‹ unveröffentlicht.

Gedichte in den Briefen:

Das erste von den ›*Drei deutschen Liedern*‹ (1915). Unveröffentlicht. (Seite 22)

Verse vom Tod (Winter 1915/16). Unveröffentlicht. (Seite 22)

September (4. 9. 1915). Unveröffentlicht. (Seite 25)

Passion (um Ostern 1916). Unveröffentlicht. (Seite 26)

Gebet in der Front (Ostersonntag 1916). Unveröffentlicht. (Seite 31)

Der Abend (undatiert). Unveröffentlicht. (Seite 48)

Mond (1917). Zuerst veröffentlicht in: Carl Zuckmayer, Gedichte. S. Fischer Verlag, Frankfurt am Main 1977. (Seite 48)

Es klingen viele Gärten (November 1917). Unveröffentlicht. (Seite 57)

Geburt der Bewegung (November 1917). Unveröffentlicht. (Seite 57)

Lied der Seelen (November 1917). Zuerst veröffentlicht in ›Die Aktion‹, 15. 12. 1917. (Seite 58). Jetzt in: Gedichte.

Wunder (November 1917). Zuerst veröffentlicht in ›Die Aktion‹, 15. 12. 1917. (Seite 58). Jetzt in Gedichte.

Der Reigen (Juni 1917). Unveröffentlicht. (Seite 52)

Auf beiden Ufern ... (September 1917). Zuerst veröffentlicht in ›Die Aktion‹, 9. 3. 1918. (Seite 54). Jetzt in Gedichte.

Wir treiben durch die Nebel ... (Juni 1917). Zuerst veröffentlicht in ›Die Aktion‹, 9. 3. 1918. (Seite 55). Jetzt in: Gedichte.

Bruder, Deine Hände (Anfang Oktober 1917). Zuerst veröffentlicht in: Gedichte. (Seite 55)

Kammermusik (21. Januar 1918). Unveröffentlicht. (Seite 60)

Der Sieger (März/April 1918). Unveröffentlicht. (Seite 62)

Weltliche Passion (Oktober 1918). Zuerst veröffentlicht in: Gedichte. (Seite 68)

Alle anderen Arbeiten und Entwürfe Carl Zuckmayers, die in den Briefen erwähnt sind, sind verschollen.

Prometheus. Dramatisches Gedicht in drei Szenen (10.-16. November 1918). Unveröffentlicht und nicht aufgeführt.

Kreuzweg. Drama in vier Akten (1920). Zuerst veröffentlicht: Kurt Wolff Verlag, München 1921. Uraufführung: Staatstheater Berlin, 10. 12. 1920.

Zur »Menschwerdung« (August 1917). Unveröffentlicht.

Geschichte von einer Geburt (1922). Zuerst veröffentlicht in: Ein Bauer aus dem Taunus und andere Geschichten. Propyläen-Verlag, Berlin 1927. Jetzt in: Carl Zuckmayer, Meistererzählungen. S. Fischer Verlag, Frankfurt am Main 1967. 1978.